大学生のための
日本語表現トレーニング

ドリル編　　安部朋世／福嶋健伸／橋本　修［編著］

テキスト

三省堂

【本書の使い方】
1：別冊のトレーニングシートと、このテキストの2冊を使って学習を進めます。
2：まず、別冊のトレーニングシートに取り組みます。難しい課題には、解き方の例やヒントが付いていますので、参考にしてください。
3：課題を解き終わったら、テキストで解答を確認します。各章の重要事項はPointにまとめられています。
4：第1部（卵編）から順を追って取り組むと、「日本語表現の基礎」から順に学ぶことができますが、興味のある章に取り組むだけでも十分に効果があります。
5：各章には、いくつかのStepが設けられています。Stepを一つずつ進むことで、その章で学ぶべき内容を無理なく理解できるように構成されています。
6：19章では、インターネットができるパソコンが必要ですが、その他の章では、特に機材は必要ありません。
7：大学の授業用テキストとしても、自学自習用としても使うことができます。

【本書の主な対象】
・大学生活に必要な日本語表現能力を身につけたい大学1年生や短大1年生
・レポート作成技術を確実なものにしたい大学2・3年生
・卒業論文を前にもう一度日本語表現を磨きたい大学4年生や短大2年生
・大学や短大などに進学予定の高校生
・日本の大学や短大で学ぶ留学生

〈本書を教科書として利用する先生方へ〉
　本書は、大学の授業の教科書として使いやすいように作ってあります。本書を教科書として採用してくださる先生には指導資料を提供する予定です。詳しくは、三省堂HP(http://www.sanseido.co.jp/)をご覧ください。

※本書の内容は、URL情報なども含め2010年7月1日時点のものです。

　本書の執筆にあたり、三省堂の飛鳥勝幸氏と翔文社の田中敦子氏、オーポンの五味崇宏氏には大変お世話になりました。記して感謝申し上げます。

はじめに

　本書は、大学生活に必要な日本語表現を、具体的な項目ごとに学べるように作成されたドリル（問題集）です。本書で学ぶことによって、仮名遣いなどの基礎的な内容から、レポートの書き方に至るまで、幅広い表現能力を無理なく習得することができます。

【本書の構成】
　本書は、3部から構成されており、それぞれ、次のような内容を学びます。
第1部〈卵編〉：仮名遣いや送り仮名、四字熟語などの、日本語表現の基礎となる内容と、敬語や手紙、Eメールといった、社会人として必要な日本語表現の知識を学びます。
第2部〈雛編〉：第1部を踏まえ、「文のねじれ」や「分かりにくい語順」を訂正するなどの、分かりやすく正しい日本語を書くためのポイントと、文献の検索や課題の設定など、実際にレポートを書く際に必要となる事項について学びます。
第3部〈親鳥編〉：第1部と第2部の内容を踏まえ、いよいよレポートの書き方について学びます。「スロット型教材」を通して実際にレポートを書いていきます。

【スロット型教材とは】
　スロット型教材は、レポートの文章のポイントとなる箇所にスロット（空欄）があり、そこを埋めていくことで、実際にレポートの型を学ぶことのできる、新しいタイプの教材です。レポートとはどのようなものか、見当がつかずに悩んでいる人も、このスロット型教材を使うことにより、レポートをどのように書けばよいのか、具体的に学ぶことができます。

【本書の5つの特長】
- 日本語表現の基礎を学ぶ「第1部」→分かりやすい文章表現のポイントとレポートを書く際に必要となる事項を学ぶ「第2部」→スロット型教材によりレポートの書き方について学ぶ「第3部」と、段階を追って日本語表現を学ぶことができます。
- 課題は基本的にドリル形式となっています。各自のペースで無理なく学習することができます。
- 各章の課題は、幾つかのSTEPに分けられているので、段階を追って学ぶことができます。
- 第3部では、スロット型教材を使用することにより、レポートをどのように書けばよいのか、具体的に学ぶことができます。
- 「レポート提出チェックシート」や「仮名遣い・送り仮名ポイントシート」が付いています。レポートを提出する前に、レポートの体裁等が適切かどうかチェックすることができます。

Contents
大学生のための日本語表現トレーニング ドリル編

はじめに 1

第1部　卵編

第 1 章	アカデミックワードと日常語	4
第 2 章	仮名遣い・送り仮名	6
第 3 章	句読点	8
第 4 章	四字熟語・ことわざ・慣用句	10
第 5 章	漢字の使い分け	12
第 6 章	見やすい表記	14
第 7 章	敬語	16
第 8 章	手紙	18
第 9 章	Eメール	20

第2部　雛編

第 10 章	あいまいな文	22
第 11 章	分かりやすい語順	24
第 12 章	長い文を分ける	26
第 13 章	文のねじれ	28
第 14 章	接続表現の使い方	30
第 15 章	結論を先に述べる	32
第 16 章	事実か意見か	34
第 17 章	データの解釈	36

第18章	レポートの内容と執筆スケジュール	38
第19章	文献の検索	40
第20章	調査課題の設定	42
第21章	レポートの構成	44
第22章	注の書き方	46
第23章	参考文献の書き方・引用の仕方	48
第24章	体裁・書式	50

第3部　親鳥編

第25章	レポート課題とレポートを書く順序	52
第26章	先行研究について	54
第27章	調査の概要	56
第28章	調査結果と考察	58
第29章	結論と今後の課題	60
第30章	そして「はじめに」へ	62

参考文献　64

第1部

アカデミックワードと日常語

STEP 1 　1 ▶▶ 解答例
❶1990年のデータだけで結論を出すべきではない。
❷今回は大学生30名にアンケートをとったが、年代差を比較するためには、中学生や高校生にもアンケートをとる必要がある。
❸調査では、猫より犬の数が急激に増加していることが分かった。
❹三省大学の調査結果では、自転車か原動機付き自転車かのいずれかに乗っている大学生の割合が72.5%だった。
❺『日本永代蔵』は貞享5年に刊行された。よって、江戸時代の作品ということになる。
❻これは、大変難しい問題である。

　レポートや論文では、友人同士の会話や携帯メールでのやりとりのときに使うような表現を避ける必要があります。具体的には、以下のような表現に注意しましょう。

POINT 1　話し言葉と書き言葉の違い
☐　「ね」「よ」「なあ 」等の終助詞を使わない。
☐　「じゃない」「してる」等、短縮したり省略したりした表現を使わない。
☐　「どんどん」「ちょこちょこ」等の擬音語・擬態語を使わない。
☐　「まじ」「めっちゃ」等の、いわゆる若者言葉を使わない。
☐　「(笑)」や顔文字、☆！等の、携帯メールでよく使うような記号・表現を使わない。

STEP 2 　2 ▶▶ 解答例
❶筆者は、これまで大学生の体力について調査を実施してきた。
❷先行研究の問題点は次の2点である。1点目は調査対象が少ないこと、2点目は調査対象に偏りがあることである。
❸この問題についての研究は、管見の限り行われていない。
❹本節では、対象とする作品の概要について述べる。なお、比較する作品については後述する。
❺調査方法については、前節で述べたとおりである。
❻調査の依頼については、電話あるいはEメールを用いた。

❼江戸時代、大阪は多くの商人が活躍する商業都市だった。よって、「天下の台所」と呼ばれた。
❽調査では、各作品から任意に５ページずつ抽出した。
❾実験では、通気性を有する素材を用いた。
❿被験者として、九州出身の20代の男性を選んだ。

レポートや論文には、特有の表現（アカデミックワード）があります。それらを使うことによって、より「レポートらしく」「論文らしく」なります。

Point 2　論文らしい表現
☐　敬体ではなく常体にする。
☐　体言止めにしない。
☐　倒置法を使わない。
☐　レポートや論文に特有の表現を使う（具体的な例はトレーニングシート２ページ〈例〉参照）。

STEP 3　3 ▶▶ 解答例
　本節では、先行研究の問題点を指摘する。
　前節までにおいて、川山海子の一連の小説についての先行研究として、本田（2002）、沢辺（2004）、原口・横山（2005）、新田（2006）を、それぞれ概観した。これらの先行研究は、いずれも、小説を詳細に分析し、そこから結論を導いており、小説の解釈としては一定の評価が与えられるものである。しかし、同じく川山海子の作品である詩と比較した先行研究は、管見の限り見あたらない。よって、本稿では、小説と詩の比較を行うことにより、この問題を考察していく。比較の方法については次章で述べることとする。

　3は、実際の文章をレポートにふさわしい表現に書き直す問題です。レポートを校正するつもりで取り組んでみましょう。

第 1 部　2
仮名遣い・送り仮名

⇒ P5-8

　現代仮名遣いと送り仮名のPointについては、トレーニングシート103～104ページに「ポイントシート」としてまとめてありますので、参照してください。なお、解答の（A）～（I）（a）～（p）は、ポイントシートの中の記号です。どの規則が該当するのか、確認してみてください。

Step 1

1 ▶▶

❶おねいさん→おねえさん（A）　❷こんにちわ→こんにちは（B）　❸ゆうまでもない→いうまでもない（C）　❹つずら→つづら（E）　❺おこずかい→おこづかい（F）　❻とうり→とおり（D）　❼○（F）　❽もとずく→もとづく（F）　❾やむおえない→やむをえない（B）　❿まじか→まぢか（F）　⓫こずつみ→こづつみ（F）　⓬○（A）　⓭つずった→つづった（E）　⓮どうゆう→どういう（C）

　現代仮名遣いについては、昭和61年7月1日内閣告示第1号「現代仮名遣い」が基準にされています。1に挙げた問題はいずれも間違いやすいので、特に注意が必要です。

Step 2

2 ▶▶

❶じめん○（H）　❷ずがこうさく○（H）　❸雨も降るわ風も吹くわ○（G）　❹へい○（I）　❺ていねい○（I）

3 ▶▶

❶いなずま　❷かたず　❸さかずき　❹うなずく　❺おとずれる　❻きずな

　3に挙げた語は、二語に分解しにくいので「ず」と書くのが基本（本則）です。「づ」と書いてもよいとされていますが、基本の仮名遣いを覚えるようにしましょう。

Step 3

4 ▶▶

❶憤おった→憤った（a）　❷○　❸○　❹語たらい→語らい（b）　❺喜しい→喜ばしい（b）　❻及して→及ぼして（b）　❼柔かい→柔らかい（b）　❽先ずれば→先んずれば（b）　❾動ごき→動き（d）　❿惜げ→惜しげ（d）

⓫最とも→最も（e）　⓬若返えりたい→若返りたい（f）　⓭目印し→目印（f）　⓮頭取り→頭取（g）　⓯◯　⓰踏切り→踏切（g）　⓱奥書き→奥書（g）

　送り仮名は、昭和48年6月18日内閣告示第2号「送り仮名の付け方」（昭和56年内閣告示第3号により一部改正）が基準にされています。4は、「送り仮名の付け方」に挙げられる規則のうち、最も基本的な法則とされる「本則」についての問題を中心としています。

STEP 4　5 ▶▶
❶著い→著しい（h）　❷◯　❸群っている→群がっている（j）　❹少い→少ない（j）　❺◯　❻◯　❼◯　❽◯　❾恐そらく→恐らく（p）

　5は、「送り仮名の付け方」のうち「例外」とされるものについての問題です。

STEP 5　6 ▶▶
2行目：汗みづく→汗みずく（※本則）　働らいた→働いた（a）　さしづめ→さしずめ（※本則）　3行目：働らき→働き（d）　4行目：かしづき→かしずき（※本則）　黒づくめ→黒ずくめ（※本則）　5行目：おうぜい→おおぜい（D）　引連れて→引き連れて（f）　練歩く→練り歩く（f）　こずいて→こづいて（F）　あるいわ→あるいは（B）　6行目：おとづれる→おとずれる（※本則）　ひざまづいて→ひざまずいて（※本則）　8行目：働らく→働く（a）　いまはの際→いまわの際（G）　10行目：働らき始める→働き始める（f）　11行目：愛想ずかし→愛想づかし（F）　ちりじり→ちりぢり（F）　12行目：ひとりづつ→ひとりずつ（※本則）　再たび→再び（e）

　6は、仮名遣いと送り仮名のまとめの問題です。実際に校正を行っているつもりで取り組んでみましょう。

第1部 3

句読点

STEP 1

1 ▶▶

A＝イ・オ・カ・ク　B＝ア・ウ・エ・キ（ただし、ウは、Aとしても可。）

読点を打つ基準の1つは、文の長さです。絶対的な数値的基準ではありませんが、概ね20～25字を越えたら、1つは読点を打つのが目安となります（厳密にはいわゆる文節数で計った方がよりよいようですが、分かりやすさを優先して、ここでは文字数で目安を示します）。

STEP 2

2 ▶▶

❶日本人は細かいことによく気がつく、礼儀にあつい人たちだと言われる。<u>しかし、</u>最近の日本人についても本当にそう言えるのだろうか。

❷昨日OB会の代表から、寄付の申し出を頂きました。<u>つきましては、</u>使い道について話し合いを持ちたいと思います。

❸同じ内容のことを言うのでも、時間をかけて練った文章の方が説得力があるのは確かである。<u>とはいえ、</u>いつも十分な時間があるとはかぎらない。<u>では、</u>どのような方針で時間を使えばよいのであろうか。

3 ▶▶

❶<u>明日学園祭のための打ち合わせが行われますが、</u>場所がC102室へと変更になりました。

❷<u>これらのやり方は経済的にも効率が悪いうえ、</u>倫理的・環境的にも若干問題がある。我々がこれらの問題を解決できれば、社会に大きな貢献を果たすことになる。

❸<u>部活と勉強・研究を両立させようとする場合、</u>どうしても時間の使い方に苦労することになる。<u>1日は24時間しかないし、</u>そのうち1日あたり6時間ぐらいは睡眠をとらなければならないのである。

STEP 3

4 ▶▶

❶b　❷a　❸a　❹b　❺c

5 ▶▶
❶昨年世界で行われたマラソンで最も参加者が多かったのは、11月に行われたニューヨークシティマラソンであった。
❷先月の中旬ごろ、彼は新型のインフルエンザで寝込んでいた。
❸科学の対象は多岐にわたるため、細分化されて扱われるのが普通である。
❹しかし、回答者の年齢が10代後半に大きく偏っているのは問題である。
❺「はい、週に2・3回程度です。」

STEP 4　6 ▶▶　解答例
❶日本に来る留学生からよく聞かれるクレームのひとつに、「日本人学生との交流の機会が少ない」ということがある。以前の大学生には時間がたくさんあったが、最近は、勉強時間やサークル・アルバイト等で、非常に多忙である。残念な話であるが、はっきりした理由が見つからない限り、積極的に留学生と交流しようとする学生は多くない。従って、交流するための理由を、教員が制度的に無理やり作ってしまうことが増えるのである。
❷サークルの中での連絡は、原則Eメールを使いますが、集合場所の急な変更など、急ぎの場合には、電話連絡を使うことがあります。先週お配りした名簿がそのまま電話連絡網になりますので、名簿をなくさないように注意してください。連絡の順番は名簿にも書いてありますが、会長から連絡係、連絡係から各学年代表、各学年代表からそれぞれのメンバー、というふうに伝えてください。
❸人は、一日、どれぐらいの言葉を話しているのだろうか。私は、平成15年の7月1日～7月31日の間、ボイスレコーダーを身に付け、自分が話した全ての言葉を録音して、あとで文字にして計ってみた。31日の間に話していた言葉は、ひらがなに換算すると（小さな「つ」や「よ」なども1文字と数えた）約260万字、一日平均8万4000字ぐらい話していたことになる（録音が聞き取れず文字にできなかった部分があるので、実際にはもう少したくさん話していたと思われる）。これは多いのか少ないのか、比較できる先行研究はないか、探してみた。

POINT 1　**読点の打ち方**
□　ある程度の長さ（20〜25字）を越えたら1つは打つ、というのが長さの目安。
□　接続表現・長い節のあとに読点を打つとよいことが多い。
□　読点を打つべき複数の候補が1つの文の中にある場合、最も大きく切れているところに優先して打つ（次の候補には打っても打たなくてもよい）。

Japanese Expression

第1部 4   P13-16

四字熟語・ことわざ・慣用句

STEP 1

1 ▶▶
❶イ ❷エ ❸イ ❹ア ❺ア ❻ウ ❼エ ❽ア ❾エ ❿イ ⓫ウ ⓬エ

2 ▶▶
❶イ ❷ウ ❸ウ ❹ア ❺エ ❻イ ❼ア ❽エ ❾イ ❿イ ⓫イ ⓬ア

❻の「文殊」の読みは「もんじゅ」。知恵の菩薩とされる文殊菩薩（もんじゅぼさつ）のこと。

STEP 2

3 ▶▶
❶うちょうてん ❷せつげつか（せつげっか） ❸いちだいじ ❹いたけだか ❺しきんせき ❻ふせいしゅつ ❼しょうねんば ❽ぜんごさく ❾しんこっちょう ❿ふんいき ⓫いっしんいったい ⓬いっきょりょうとく ⓭ふうこうめいび ⓮ちょとつもうしん ⓯わきあいあい ⓰じょうじゅうざが ⓱はらんばんじょう ⓲まんしんそうい ⓳みらいえいごう ⓴ごんごどうだん

❿「ふいんき」は誤り。

4 ▶▶
❶間一髪（髪） ❷生兵法（法） ❸紅一点（紅） ❹断末魔（魔） ❺門外漢（外）
❻破天荒（荒） ❼意味深長（深長） ❽五里霧中（霧） ❾青天白日（青）
❿半信半疑（半） ⓫大同小異（異） ⓬以心伝心（心） ⓭一刀両断（刀）
⓮単刀直入（単） ⓯厚顔無恥（恥）

POINT 1 まぎらわしい同音異字語を含む熟語は間違えやすいので注意
　□　意味深長（×慎重）、単刀（×短刀）直入、青天（×晴天）白日　等

5 ▶▶
❶自得 ❷一会 ❸質実 ❹枝葉 ❺晩成 ❻縦横 ❼折衷 ❽栄枯 ❾哀楽

6 ▶▶
❶イ ❷エ ❸エ ❹イ

STEP 3

7 ▶▶
❶不如意　イ　❷意気投合　ウ　❸前代未聞　ア　❹順風満帆　ア

---

❶「不如意」は「意のままにならない（＝思い通りにならない、うまくいかない）」ことを言う。特に、「手許不如意」のような形で、お金がない、ふところ具合が豊かでないことを指すことが多い。

8 ▶▶
❶ウ ❷ア ❸イ ❹ア ❺ア ❻イ ❼ウ ❽ウ ❾イ ❿イ ⓫ウ

熟語・ことわざ・慣用句について詳しく学びたい人には、以下の文献がおすすめです。
　　三省堂編修所 1998『新明解四字熟語辞典』（三省堂）
　　三省堂編修所 1999『故事ことわざ・慣用句辞典』（三省堂）
読みにくい熟語については、以下の辞典が便利です。
　　佐竹秀雄・三省堂編修所 2009『難読漢字辞典』（三省堂）

第1部 Japanese Expression 5

漢字の使い分け

STEP 1

1 ▶▶
❶映し ❷現した ❸執った ❹越えた ❺挙げる ❻効き目 ❼回り ❽下
❾尋ねる ❿伸ばして ⓫沿って ⓬収まって ⓭陰 ⓮変える

　1は、同訓異字の問題です。以下に、同訓異字の使い分けの例を示します。あいまいな漢字は、漢字の使い分けについて調べることのできる辞書（用字用語辞典や漢字辞典など）を引いて、必ず確認するようにしましょう。

POINT 1　同訓異字の使い分け

- 写す：字を写す、風景を文章に写す／映す：スクリーンに映す、鏡に映す
- 現す：姿を現す／表す：言葉に表す／著す：書物を著す
- 取る：資格を取る／撮る：写真を撮る／捕る：ねずみを捕る／採る：会議で決を採る／執る：筆を執る
- 超える：能力を超える／越える：山を越える
- 揚げる：船荷を揚げる／上げる：腕前を上げる／挙げる：全力を挙げる
- 利く：機転が利く／効く：薬が効く
- 回り：身の回り／周り：池の周り、周りの人
- 基：資料を基にする／下：法の下の平等／元：火の元／本：本を正す
- 訪ねる：史跡を訪ねる／尋ねる：由来を尋ねる
- 延ばす：出発を延ばす／伸ばす：勢力を伸ばす
- 添う：目的に添う／沿う：線路に沿って歩く
- 収まる：争いが収まる／納まる：注文の品が納まる／治まる：痛みが治まる／修まる：素行が修まる
- 影：障子に影が映る／陰：山の陰
- 替える：替え歌／換える：物を金に換える／変える：形を変える／代える：書面をもって挨拶に代える

2 ▶▶
❶対照的 ❷追及 ❸同士 ❹異同 ❺以外 ❻大勢 ❼並行 ❽偏在 ❾基準
❿収集 ⓫回答 ⓬支持 ⓭実態 ⓮用量

2は、同音異義語の問題です。次に、同音異義語の使い分けの例を示します。

POINT 2 　同音異義語の使い分け
- □　対称：左右対称／対象：研究の対象／対照：比較対照する
- □　追究：真理の追究／追及：責任の追及／追求：利潤の追求
- □　同士：いとこ同士／同志：同志を募る
- □　異同：両者に異同はない／移動：車両を移動する／異動：人事異動
- □　意外：意外な人に会った／以外：読書以外の趣味
- □　体制：資本主義体制／体勢：得意の体勢に持ち込む／態勢：着陸態勢／大勢：大勢が判明する
- □　並行：バスと電車が並行して走る／平行：段違い平行棒／平衡：平衡感覚
- □　遍在：神は世界に遍在する／偏在：富が一部の人に偏在する
- □　基準：採点の基準／規準：行動の規準を定める
- □　収集：切手の収集／収拾：事態を収拾する
- □　解答：試験問題の解答／回答：問い合わせに回答する
- □　指示：部下に指示を出す／支持：彼の意見を支持する
- □　実態：生活の実態調査／実体：実体のない幽霊会社
- □　容量：容量の少ないビン／用量：一回の用量を守る

STEP 2

3 ▶▶
❶促え方→捉え方　❷業積→業績　❸指適→指摘　❹遇然→偶然　❺概当→該当
❻記戴→記載　❼目読→黙読　❽紛砕→粉砕　❾畜績→蓄積　❿気嫌→機嫌
⓫緩漫→緩慢　⓬温好→温厚　⓭徹退→撤退　⓮陶汰→淘汰　⓯循還→循環
⓰個有→固有

4 ▶▶
1行目：気真面目→生真面目　散索→散策　数奇
3行目：気真面目→生真面目　散索→散策　平凡
4行目：悪天候　5行目：完壁→完璧　撤底→徹底　6行目：驚嘆（「驚歎」も可）
7行目：浪狽→狼狽

STEP 2 は、漢字の書き誤りの訂正と、漢字の書き取りの課題です。実際に文章を校正しているつもりになって、取り組んでみましょう。
　なお、この章の多くは、三省堂編修所編 2007『すぐに役立つ　日本語活用ブック』（三省堂）によっています。

第1部 Japanese Expression 6

P21-22

見やすい表記

STEP 1　1 ▶▶　解答例

❶その場合、もちろん経済的問題に発展します。
❷貨物搬送中、交通事故に巻き込まれた。
❸その時はその時で考え直せばよい。(そのときは、そのときで考え直せばよい。)
❹その動物園に馬はいますか。(その動物園にウマはいますか。)
❺裁断する際のゆとりはだいたい2cmです。(裁断するさいのゆとりは、大体2cmです。)
❻「ちょっと難しいですね」とささやいた。
❼林さん、池田さん、前川さんと一緒に買い物に行った。(林さん・池田さん・前川さんと一緒に買い物に行った。)
❽子供たちに人気のある車のトップ3は、パトカー・救急車・消防車だという。
❾オン・ザ・ジョブ・トレーニングとは、実際に仕事をしていく中でのトレーニングのことです。(オン-ザ-ジョブ-トレーニングとは、実際に仕事をしていく中でのトレーニングのことです。)

　切れ続きを見やすくするための方法は常に1つとは限らず、また、どの程度までなら見やすいと感じるかには、ある程度の幅があり得ます。従って、この章の解答については、一例という風に理解して下さい。
　❷は、トレーニングシートのヒントには出ていませんが、語句を変更する、例えば「貨物搬送中に、交通事故に巻き込まれた。」のような工夫も正解の1つとしてよいでしょう。

STEP 2　2 ▶▶　解答例

❶東日本歴史・民俗学会　春季発表会　第三会場
❷問い合わせ先：独立行政法人　中国・四国方言研究所　第2部門　横沢忠夫研究室
❸
> 日程については以下の通りである。
> 1　原則、打ち合わせは毎週金曜日の昼休みに行う。
> 2　1の日程で行うことができない場合には、二日前までに会長が打ち合

> わせの日程を告知する。

❸については、

> 日程については以下の通りである。
> （1）　原則、打ち合わせは毎週金曜日の昼休みに行う。
> （2）　（1）の日程で行うことができない場合には、二日前までに会長が打ち合わせの日程を告知する。

のように、見出し数字を括弧付きにしたり、

> 日程については以下の通りである。
> 1. 原則、打ち合わせは毎週金曜日の昼休みに行う。
> 2. 1.の日程で行うことができない場合には、二日前までに会長が打ち合わせの日程を告知する。

のように、見出し数字のあとにピリオドを付けたりするのも有効です。

第1部 7 敬語

Japanese Expression P23–26

STEP 1 1 ▶▶ 解答例

❶召し上がって　※「お食べになって」はやや不自然。「食べられて」不可。
❷ご案内（いた）します／ご案内申し上げます 等　❸差し上げます　❹参ります　❺拝見（いた）しました　❻くださったんですね　❼申し上げたい／申したい／お話ししたい 等　❽ご出身ですね／ご出身でいらっしゃいますね　❾お戻りになりますか／戻られますか 等　❿お待たせしない　⓫おっしゃってください 等　⓬お決まりになりましたら　お呼びください　⓭ご出発になる／ご出発なさる／出発される 等　教えていただけますか／お教えいただけますか 等

STEP 2 2 ▶▶ 解答例

❶参りました→いらっしゃいました／お見えになりました 等　❷申し上げた→おっしゃった／お話しになった 等　❸存じて→ご存じで　❹お寝になって→お休みになって／休まれて 等　❺お着になって→お召しになって 等　❻伺いました→参りました／来ました 等　❼ご運転なさる→運転なさる／運転される 等　❽おキャンセルいたしたい→キャンセルいたしたい／キャンセル申し上げたい 等　❾ご覧になった→拝見した／拝読した 等　❿ご存じでした→存じておりました 等　⓫お支払いできます→お支払いになれます 等　⓬ご歓談してください→ご歓談ください／ご歓談なさってください 等　⓭ご利用になられたんですか→ご利用になったんですか／ご利用なさったんですか 等　⓮お客様がご記入頂いた→お客様がご記入くださった（ご記入なさった）／お客様にご記入頂いた 等　⓯伺って→いらっしゃって／お見えになって 等

STEP 3 3 ▶▶ 解答例

❶　つきましては、先生のご都合のよい時間にご指導頂けないでしょうか。先生のオフィスアワーは火曜日の2限と木曜日の昼休みと伺っております。可能でしたら、10月11日（火）の2限か、翌週10月18日（火）の同じ時間にお時間を取っていただけないでしょうか。以上で問題がありましたら、これ以外の、先生のご都合の付く時間をご指示頂ければ幸いです。

❷　このたび、私たち三省大学サークル連合では、「三省大学芸術系サークル連合会30年の歩み」というイベントを行うことになりました。つきましては初代

芸術系サークル連合会の会長である○○様に、当イベントにて是非講演をいただけないでしょうか。創設時の意気込みや、苦労話などをして頂ければ幸甚に存じます。

❸ 現在、申し訳ございませんが、担当の平井は不在でございます／席を外しております。午後には戻って参ると存じますので、差し支えなければお電話番号を教えていただければ、こちらからご連絡差し上げます。

❹ 今回はコンサートに招待してくださり（まことに）ありがとうございます。大変ありがたく、光栄に存じます。しかしながら大変残念ですが、その時期はドイツに留学中で、出席がかないません／出席できません。本当に申し訳ございません。出席なさるほかの先生やOBOGの皆様に宜しくお伝えください。当日のコンサートの盛会をお祈り申し上げます。

❺ 次回の打ち合わせにつきまして、以前の連絡では「6月2日（月）14時から弊社で」となっておりましたが、当日はサーバー関連の工事のため弊社の会議室が使えなくなってしまいました。ご迷惑をおかけしますが、別会場を手配いたしますので、そちらにご参集ください。会場が決まりましたら再度ご連絡いたしますので、少々お待ち頂ければ幸いです。

....

※本章の敬語使用の基準は、概ね「敬語の指針（文化審議会答申、URL：http://www.bunka.go.jp/bunkashingikai/soukai/pdf/keigo_tousin.pdf）」を目安としています。（ただし、本書では分かりやすさを重視して、異なる表現で説明を行っている箇所もあります。）

第1部 Japanese Expression 8 ▷ P27–30

手紙

STEP 1　1 ▶▶　解答例

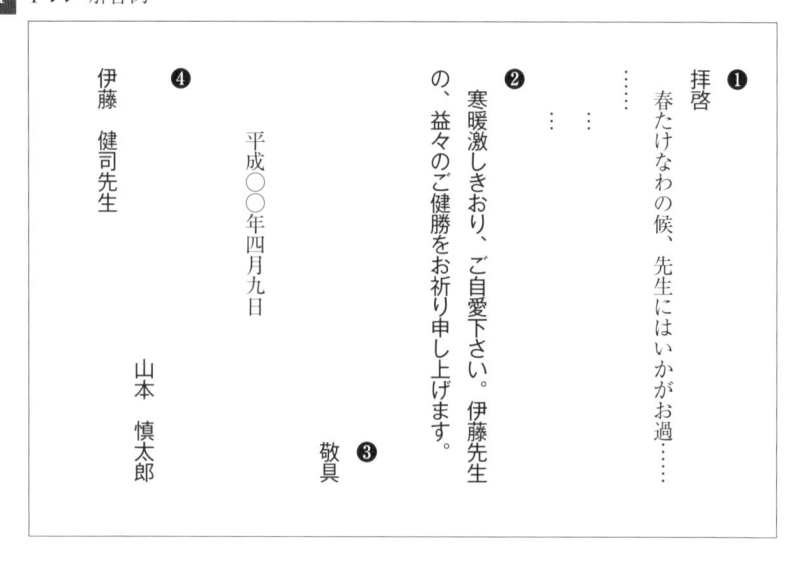

```
❶ 拝啓
　春たけなわの候、先生にはいかがお過…………
　　　　　：
　　　　　：
　　　　　：
❷ 寒暖激しきおり、ご自愛下さい。伊藤先生の、益々のご健勝をお祈り申し上げます。

　　　　　　　　　　　　　　　　敬具 ❸

　　　平成○○年四月九日
　　　　　　　　　山本　慎太郎

❹ 伊藤　健司先生
```

　❶を「頭語」、❸を「結語」と呼びます。❷は解答の一例で、趣旨が同様であればいろいろな文言がありえます。

POINT 1　手紙文面の基本的な要素とレイアウト
- □　「頭語」「時候等あいさつ（必要な場合は名乗りも）」「本題」「終わりのあいさつ」「結語」「日付」「自分の氏名」「相手の氏名（敬称付き）」の順。
- □　高さ等、レイアウトについては上記解答例参照。

STEP 2　2 ▶▶

解答例省略（以下のPOINT 2をチェックしてみてください）。

POINT 2　フォーマルな手紙
- □　頭語・結語の書き方は、STEP 1のヒント等に従っているか。
- □　時候の挨拶は、日付の季節に合ったものになっているか。

- ☐ お世話になったことのお礼の内容は具体的に書かれているか。また、お礼のことばには十分な長さがあるか。
- ☐ 終わりの挨拶の内容は相手の健康を気遣ったり、相手の益々の健康を願ったりするような内容を含んでいるか。
- ☐ 「自分の氏名」の位置は、十分に低く書かれているか。
- ☐ 「相手の氏名」の位置は十分に高く書かれているか。また、「様／先生」などの敬称を付けたか。

STEP 3　3 ▶▶ 解答例

封筒おもて面

〒105-××××
東京都港区海側町二—六—一
セントラルマンション五〇一
　　横川　恵子　様

封筒裏面

〇月〇日

221-××××
神奈川県横浜市神奈川区
西宮町一—五—二
　　石岡　由美

封筒裏面 の日付の記入は、最近は行われないことも多くなりました。裏面の自分の住所氏名は、下段中央に書く方法もあります。

第1部 Japanese Expression

9 Eメール

▷ P31-34

STEP 1

1 ▶▶ 解答例

ウ　理由：件名は、どのような用件か・誰からのメールかが簡潔に分かるような内容にする必要がある。アは用件も差出人も全く分からない、イは簡単すぎて内容が分かりにくい、エは長すぎることと顔文字を使っていることから、それぞれ不適切である。

2 ▶▶ 解答例

イ　理由：冒頭は、相手の氏名と自分の名乗りを入れた方が、丁寧でよい（件名に自分の氏名を入れていても、再度名乗る方が丁寧）。ア・ウは相手の氏名も名乗りもないので不適切である（アは顔文字や絵文字を入れている点も不適切）。エは名乗っているが、イの方が、所属や学籍番号、何の授業を履修しているかなど、詳しい情報を挙げており、より適切である。

3 ▶▶ 解答例

ア　理由：イは、肝心の「演習の発表ができないこと」を伝えていない、ウ・エは、休講を願い出たり演習の順番を変える指示を先生に出したりと、学生に権限のないことを勝手に行っていることから、それぞれ不適切である。

4 ▶▶ 解答例

件名：日本文学演習欠席について（日本文学科2年野原花子）
山河太郎先生
　日本文学科2年、月曜3限の日本文学演習を履修している、学籍番号09****の野原花子です。
　来週月曜日○月○日の日本文学演習で発表する予定なのですが、インフルエンザにかかってしまい、来週水曜日○日まで大学を欠席するように言われました。発表ができず申し訳ございません。
　演習担当分についてどうすればよいか、hana-s**@******.jp までご指示をいただけないでしょうか。何卒よろしくお願い申し上げます。
野原花子

携帯電話にメールアドレスを登録している友達同士でメールのやりとりをするときには、誰からのメールかすぐに分かるので、件名を入れたり名乗ったりはしないと思います。しかし、目上の人に送るメールでは、受け取った人が、誰からのどのようなメールなのかがすぐに分かるように、件名を入れ名乗ることが大切です。特に携帯からPCにメールを送る場合は忘れがちなので注意しましょう。

STEP 2

5 ▶▶
❶×（全員がお互いに知り合いとは限らないので、自分のメールアドレスをTOに入れ、知り合い全員のメールアドレスをBCCに入れた方がよい。）　❷○
❸×（一人だけCCに入れる理由は特に見あたらない。）　❹○

6 ▶▶
❶ア　❷ウ／エ　❸キ

　メールに関する一般的な内容について確認をする課題です。STEP 1で確認した内容を含め、もう一度メールを送るときの注意点を確認しましょう。

POINT 1　メールを送るときに注意すべき点
☐　内容を簡潔に示す件名、あるいは誰からのメールか分かる件名を入れる。
☐　冒頭に相手の氏名を書く。
☐　次に名乗る。
☐　連絡先を入れる。

STEP 3

7 ▶▶　解答例

件名：生命科学概論試験欠席について（文学部1年島川英夫）
海野一夫先生
　文学部1年、水曜1限の生命科学概論を受講している、学籍番号＊＊＊＊の島川英夫です。
　来週○月○日の試験についてですが、昨日病院に行ったところインフルエンザと診断され、来週金曜日まで登校してはいけないと言われてしまい、試験を受けることができません。
　どうすればよいか、sima-h**@****.jpまでご指示をいただければ幸いです。よろしくお願い申し上げます。
島川英夫

第2部 Japanese Expression

10 あいまいな文

P35-36

STEP 1

1 ▶▶ 解答例

❶ a 被験者Aさんも被験者Bさんも、ともに回答することを拒否した。
 b 被験者Aさんは、（回答はしたが、）被験者Bさんと同じような回答をすることに関しては拒否した。
❷ a 今回の調査は延期され、5月に行うことになった。
 b 今回の調査を延期することが、5月に決定された。
❸ a この論文は、10代の若者の消費行動を分析しただけであり、若年層全体の消費行動を論じているわけではない。
 b この論文は、若年層全体の消費行動を論じてはいるが、10代の若者の消費行動を分析しただけでそれを論じるということはしていない。
❹ a 被験者Aさんは、コインの全てを発見できたわけではなく、発見できないコインがあった。
 b 被験者Aさんは、一枚もコインを発見できなかった。
❺ a 他の地方では前方後円墳が発見されているが、この地方で前方後円墳が発見されたのは初めてである。
 b 前方後円墳が発見されたのは、この地方が初めてである。

　STEP1では、文中のかかりうけが2通りに解釈できてしまうために、あいまいな文が生じています。具体的には、以下のようなあいまいさがあります。
〈例〉：「20代の」が「会社員」だけにかかるのか、「会社員と学生」の両方にかかるのかがあいまいな例
❶：「同じように」が「回答する」にかかっているのか、「拒否した」にかかっているのかがあいまいな例
❷：「5月に」が「延期する」にかかるのか「決定された」にかかるのかがあいまいな例
❸：「10代の若者の消費行動を分析しただけで若年層全体の消費行動を論じている」全体に「わけではない」がかかっているのか、「若年層全体の消費行動を論じている」のみに「わけではない」がかかっているのかがあいまいな例
❹：「全て」が「発見できる」にかかり、それ全体を否定している解釈「全てのコインを発見できたのではなかった」になるのか、「全て」が「発見できなかった」

にかかり、「発見できなかったのは全てのコインだ」という解釈になるのかがあいまいな例
- ❺：「初めて」が「発見された」にかかるのか、「この地方で初めて」という意味的関係になるのかがあいまいな例

STEP 2

2 ▶▶ 解答例

- ❶ a 通すときに銅線が曲がらないように注意しながら、本体の管に銅線を通した。
  b 本体の管に銅線を通して、銅線が曲がらないようにした。
- ❷ a 金網をくぐり抜けて侵入したと考えられる動物は、イタチの好物である。
  b 金網をくぐり抜けて侵入したと考えられる動物は、イタチを好物にしている。
- ❸ a カメラマンは、人々が喜んでいるところを撮影した。
  b カメラマンは、それを見て人々が喜ぶような写真を撮影した。
- ❹ a 当時は、村に関する様々なことが、寺という場所で決められていた。
  b 当時は、村に関する様々なことが、寺という組織によって決められていた。

STEP 2 では、かかりうけ以外の原因であいまいさが生じている例を取り上げています。具体的には、以下のようなあいまいさがあります。

- ❶：「銅線が曲がらないように」が、「本体の管に通す」理由なのか「銅線が曲がらないような方法で」という意味なのかがあいまいな例
- ❷：「イタチが好物の動物」が、「イタチがその動物を好物だ」という解釈にも「その動物はイタチが好物だ」という解釈にもとれるあいまいな例
- ❸：「人々が喜ぶ光景」が、「光景の内容が『人々が喜ぶ』である」という解釈にも「それを見て人々が喜ぶような光景」という解釈にもとれるあいまいな例
- ❹：「寺で」が、「寺という場所で」の解釈にも「寺という組織で」の解釈にもとれるあいまいな例

あいまいな文が生じる原因には、ここで取り上げた以外にも様々なものがあります。自分で書いた文章にあいまいな文はないか、丁寧に推敲を行うようにしましょう。

分かりやすい語順

STEP 1

1 ▶▶
❶ a＝ア・イ／b＝イ　❷ a＝イ／b＝ア・イ　❸ a＝ア・イ　／b＝イ

　語順が異なると意味が変わってしまう場合があります。❶～❸はいずれも、a・bのどちらか一方が、複数の解釈を可能とする例です。複数の解釈が生じない例と比較すると、複数の解釈が生じてしまう例は、修飾される語句の候補が文中に複数あることに気づきます。修飾する語句を修飾される語句の直前に置き、修飾される語句の候補が複数にならないようにすると、あいまいな解釈が生まれにくくなります。

STEP 2

2 ▶▶
❶昭和30年代、この平野一帯に多くの水田が広がっていた。
❷新聞を読んでいない学生が多いという調査結果を心から憂慮している。
❸それまで地球温暖化の問題に一貫して消極的な態度を取っていたので、A国の今回の政策の変化は各国に歓迎された。
❹幸いなことに、乗客は火災の前にバスを離れることができた。

　日本語は語順の制約が比較的緩やかだと言われますが、基本的な語順というものはいくつか考えられます。次に、基本的な語順の主なものを示します。

POINT 1　基本的な語順の例

- □　いつ－どこで－何が－どうする
　　〈例〉昔々、あるところに、おじいさんとおばあさんが住んでいました。
- □　何が－何を－どうする
　　〈例〉聖徳太子が十七条憲法を制定した。
- □　どこに－何が－ある
　　〈例〉首都から百キロほど離れたところにバオバブの群生地がある。
- □　修飾語句は被修飾語句の近くに置く。
　　〈例〉暑くなるとアイスクリームを食べる人がとても多くなる。
　　　　（「とても」が「多くなる」にかかる）

- ☐ 語句が長い場合は文頭に置く方がよい。
  〈例〉東京を中心とした関東一円のインフルエンザ流行により学級閉鎖が相次いでいるため、スポーツ大会は中止となった。
  参考：次の例は長い節を文中に置いた例です。
  　　　スポーツ大会は、東京を中心とした関東一円のインフルエンザ流行により学級閉鎖が相次いでいるため中止となった。
- ☐ 文全体を修飾する語句は文頭に置く。
  〈例〉率直に言うと、毎朝のお弁当作りはたいへんです。

前後の文との繋がりによって、これらの語順が異なることもありますが、まずは上記のような基本的な語順を基にして、より自然な語順に校正していくとよいと思います。

STEP 3　3 ▶▶ 解答例

❶a＝○／理由：a・bに続く文が「それにもかかわらず」となっているので、単に「(2)(3)は適切ではない／(1)は適切」と対比させているbより、「(2)(3)ではなく(1)が適切なのだ」と述べるaの方が、自然な文の繋がりになる。

❷a＝○／理由：「言語学は言語の構造や機能を研究する学問」－「言語の構造や機能を研究する際に重要なのは言語を客観的に見る視点」－「言語を客観的に見る視点とはどういうものか」という話題の流れになるaの方が、自然な文の繋がりになる。

❸b＝○／理由：「この」が前の文を受けており、前の文に近い方が読みとりやすい。

一文のレベルでは不自然に感じられない文でも、前後の文脈を考えると不自然に感じられる場合があります。文章を書くときには、内容を読みとりやすいかどうか、文脈を考えながら書くことが大切です。

長い文を分ける

STEP 1

1 ▶▶ 解答例

❶本調査では、作品Aにおいて動詞「喜ぶ」の活用形は連用形のうちの音便形である「喜ん」が一番多く、二番が連用形の非音便形「喜び」であった。一方、本レポートの分析の中心的な対象となる仮定形「喜べ」は、調査した8つの活用形のうち、出現数が最も少なく、20例以上は必要となるところ、わずか4例しか出現していなかった。このため、十分な分析ができず、調査方法か調査対象を変更する必要が出てきた。

❷ここ10年の環境問題の取り組みについては、もちろん進展はあるものの、対外的に掲げた目標を十分満たしたとは言えず問題を残した。ついては、今後は事業所等産業廃棄物に対する関連法案をさらに整備する必要がある。また、家庭ゴミ削減に向け、マスコミ等を通じた積極的かつ大規模なキャンペーンを行うべきである。

❸この種のNPO法人に対しては、前年度の申請を審議したのち次の5月頃に国の予算が決まり、各種の事務手続きを経て9月頃から地方自治体経由で運営費が支払われる形をとっていた。しかし、4月から9月までという、活動を行う年度のうち約半分の期間のあいだ、運営費を使用できないというのはかなり問題であった。そのため、来年度から、5月に国の予算が決まった段階で運営費の部分的な先払いを行うこととなり、一定の改善が施された。

STEP 2

2 ▶▶ 解答例

（下線部は指示語や主語を補った箇所など、若干工夫を要する箇所です。）

❶作文能力の発達を見る場合、ある程度年齢が上がり小学校就学時程度になってくると、誤った文の出現頻度はかなり落ちるため、誤った文の種類や頻度を見るという調査・分析には限界が生じてくる。<u>このことに気づいたので</u>、<u>本レポート</u>では就学時の作文を中学年・高学年の児童の作文と比較し、中学年・高学年児童に比べて現れにくい文にはどのようなものがあるか、という観点から分析を行った。その結果、「仮定文など、現実世界と一致しないことがらを含む文が極端に少ない」などの結論を得た。<u>この点が</u>、本レポートの中心的な成果である。

❷<u>我が国は</u>、豊かな自然や長い歴史にはぐくまれた文化遺産に恵まれています。しかし、我が国の観光政策は、最近までこれらを積極的に観光資源としてとらえ、

より魅力あるもの、よりアクセスしやすいものとして育てていこうという姿勢に欠けていました。

---

❷は、問題文冒頭にある「せっかくの」を削除する必要がある点にも注意。

STEP 3　3 ▶▶ 解答例

❶今回のアンケート調査を行うに当たっては、以下の点に注意する必要がある。
　・インフォーマントに調査の背景となる意図を示さない（ようにする）。
　・インフォーマントの男女比が概ね1対1になるようにする（しなければならない）。
　・インフォーマントの年齢構成も概ね若年層と成人層（活躍層）と老年層がほぼ
　　同数になるようにする。

❷2年生代表は、幹事の仕事として、以下のことを行ってください。
　　1　メンバーに連絡して出席者の概数をつかむ。
　　2　会場・日時を決めてメンバーに通知する。
　　3　会場と打ち合わせをして料理や飲み物のメニューを決める。
　　4　3年生代表の当日の司会進行を補助する。
　　5　会費を徴収して最終的に精算する。

文のねじれ

Japanese Expression 第2部 13 ▷ P43-44

STEP 1

1 ▶▶ 解答例

❶現代社会は、24時間営業の店が増え、またインターネット上でいつでも好きな物が買えるなど、休みなく消費活動が行われている。

❷今回の成果は、6世紀にこの地域を治めていた豪族の墓と見られる古墳が発見されたことである。

❸「大量消費大量廃棄」を是とする考え方では、地球環境が破壊されてしまうのではないか。／「大量消費大量廃棄」を是とする考え方は、地球環境が破壊されてしまうことを招くのではないか。

❹キリシタン資料として最も重要な文献の一つに、ロドリゲスの『日本文典』がある。

❺メールでお願いするより直接会ってお願いする方が、丁寧な気持ちの伝わり方がより大きくなる。／メールでお願いするのと直接会ってお願いするのとでは、丁寧な気持ちの伝わり方が異なる。

　長い文章を書いていたり、文章を急いで書いていたりすると、前後のつながりを忘れてしまい、文のねじれを起こしやすいようです。具体的には、次のような場合に、文のねじれが起きやすいので、気をつけましょう。

POINT 1　文のねじれを起こしやすい例

☐　主語と述語に同じような語句を繰り返してしまう。
　〈例〉　本研究では、世代間の違いについて取り上げられなかった点が課題である。
　　　　本研究の課題は、世代間の違いについて取り上げられなかった点である。
　　　　↓「課題」を主語にも述語にも入れてしまう
　　×　本研究の課題は、世代間の違いについて取り上げられなかった点が課題である。

☐　「××は　△△である。」という名詞述語で終わる文と「○○は　◇◇する。」などの名詞述語以外の文の、主語と述語を混ぜてしまう。
　〈例〉　私の将来の夢は、世界で活躍することである。（名詞述語の文）
　　　　私は、将来、世界で活躍したい。　　　　　　（名詞述語以外の文）
　　　　↓名詞述語の文の主語と名詞述語以外の文の述語を混ぜてしまう
　　×　私の将来の夢は、世界で活躍したい。

STEP 2 2 ▶▶ 解答例

❶アンケート調査では、個人情報の取り扱いに注意する必要がある。／アンケート調査では、個人情報を取り扱うことに注意する必要がある。
❷自転車による交通事故の対策として、ライトの点灯やヘルメット着用の指導を行った。／自転車による交通事故の対策として、ライトを点灯し、またヘルメットをかぶるように指導を行った。
❸携帯電話を使っているときの、いつでもどこでも友人と繋がっているという錯覚が問題である。／携帯電話を使っているときにいつでもどこでも友人と繋がっていると錯覚することが問題である。
❹私たちにとって犬は、家族の一員であるだけでなく、盲導犬や介助犬として、さらには、お年寄りや体の不自由な人のリハビリに役立っている大切な存在である。

....

STEP 2 は、主語－述語間以外のかかりうけに不適切な箇所がある課題です。主語－述語間以外では、次のような場合に、かかりうけの不適切な箇所が現れやすいようです。

POINT 2　主語－述語間以外のかかりうけに不適切な箇所が生じやすい例

☐　「～が～を～する」のように述語を用いる表現と「～の～」のように名詞にまとめる表現を混ぜてしまう。
　　〈例〉面接によって調査した内容について論ずる。　　（述語を用いた表現）
　　　　面接による調査の内容について論ずる。　　　　（「の」を用いた表現）
　　　　↓
　　　×　面接によって調査の内容について論ずる。

☐　「～が～を～する」のように述語を用いる表現と「～の～」のように名詞にまとめる表現を、「や」「と」などで並立させてしまう。
　　〈例〉実験では、部屋の温度を一定に保ち、えさの回数を制限した。
　　　　　　　　　　　　　　　　　　　　　　　　　　　（述語を用いた表現）
　　　　実験では、部屋の温度管理とえさの回数制限を行った。
　　　　　　　　　　　　　　　　　　　　　　　　　　　（「の」を用いた表現）
　　　　↓
　　　×　実験では、部屋の温度管理とえさの回数を制限した。

第2部 Japanese Expression 14　P45-48

接続表現の使い方

STEP 1

1 ▶▶
❶オ　❷カ　❸キ　❹ア　❺エ　❻ウ　❼イ　（❺ウ　❻エ　とするのも可。）

　実際の文章では、全体の文脈が決まらないと、適切な接続表現が決まらない場合があることにも注意が必要です。
　例えば、
　　質問（1）に対して、調査Aでyesと答えた人は60％であった。（　　　）、同じ質問に対して調査Bでyesと答えた人は80％であった。
というような文章の場合、「yesと答えた人がいずれも半数をこえるということ」を重視した文脈では「また」「さらに」を用いるのが普通ですが、「yesと答えた人の数にかなりの違いがある」ことを重視した文脈においては「しかし」「一方」を使う方がよい、というようなことが起こります。

STEP 2

2 ▶▶　解答例
❶第1回調査では、準備が不十分だったため質問の仕方に問題があり、無回答の比率が非常に高くなってしまった。その結果、分析が困難になってしまったため、質問の仕方を変え、第2回調査を行った。（「第1回調査では、準備が不十分だったため、質問の仕方に問題があった。そのため、無回答の比率が非常に高くなり、分析が困難になってしまった。よって、質問の仕方を変え、第2回調査を行った。」等も可。）
❷「外来語」というのは、若干の例外もあるが、多くはヨーロッパ諸語から日本語に入ってきた語を言う。近年は、外来語が多くなりすぎていることが問題にされている。
❸インターネットは既に広範囲に普及し、私たちの生活に深く関わっている。私もよく利用しているが、メリットもデメリットもあるので、今後は注意して活用していきたい。
❹事前調査が不足していたのに、干拓を強行してしまったため、現地住民の反対運動が起こって計画を中断した。現在でも干拓事業は再開されていない。（「事前調査が不足していたのに、干拓を強行してしまった。そのため現地住民の反対運動が起こって計画を中断した。現在でも干拓事業は再開されていない。」等も可。）

POINT 1　同じ接続表現、似た接続表現の連続を避ける
- □　「…が、…が、」「…し、…し、」「…て、…て、」等の連続を避ける。
- □　避ける手段としては、文を分割する、似た接続表現のうちのどちらかを別の表現に変える、等がある。

STEP 3　3 ▶▶

❶「だって」　→　「なぜなら」（接続詞なし、も可）
　「だから」　→　「従って」「そのため」「よって」
❷「そして」　→　「その後」「その上で」
　「でも」　　→　「しかし」「ただし」
❸「が」　　　→　「しかし」
　「おまけに」→　「その上」「さらに」「加えて」

POINT 2　論文等においては、その文体にふさわしくない接続表現を避ける
- □　トレーニングシート47ページ、3のリストA・Bを参照。
- □　上記リストの他、「が、」「と、」「で、」などの、1文字の語も、文の冒頭では接続表現としては使われにくい。

第2部 15 結論を先に述べる

Japanese Expression P49–50

STEP 1 　**1 ▶▶ 解答例**

❶この申請書類の提出の締め切りは一昨日で、期限に間に合っていません。また、提出の遅れた理由が、インフルエンザ等ではなく、単に忘れていたというもので、やむを得ないものとは認められません。したがって、<u>あなたの申請は受け付けられません。</u>→ あなたの申請は受け付けられません。理由は、この申請書類の提出の締め切りは一昨日で、期限に間に合っておらず、また、提出の遅れた理由が、インフルエンザ等ではなく、単に忘れていたというもので、やむを得ないものとは認められないからです。

❷この作品には、手書きの原稿と、木版印刷による印刷版があった。現在残っているのは印刷版だけで、印刷版は手書き原稿に、後の時代の改編が加えられたものである。よって、<u>この作品の、当初の姿は不明なのである。</u>→（例1）この作品の、当初の姿は不明である。その理由は、この作品には手書きの原稿と木版印刷による印刷版があったが、現在残っているのは印刷版だけで、印刷版は手書き原稿に後の時代の改編が加えられたものだからである。（例2）この作品の、当初の姿は不明である。その理由は、この作品には手書きの原稿と木版印刷による印刷版があったが、現在残っているのは、手書き原稿に、後の時代の改編が加えられた印刷版だけだからである。

POINT 1　結論のあとには理由を述べる

☐ 結論を先に述べたあとには、「なぜなら、…からである。」「その理由は…（から）である。」のような文言を使って、理由を述べたり論証を行う形になる。

STEP 2　**2 ▶▶ 解答例**

❶日本の首都移転については、行うべきである。理由は以下の通りである。

　首都移転には、メリットとデメリットがある。メリットのうち最も大きいものは、現在の人口集中を分散して、災害時の犠牲者を減らせるということである。デメリットのうち大きいものは2つある。1つは非常に経済的コストが掛かるということで、もう1つは、移転先の決定をめぐって地域対立が生まれる危険性である。

　このメリットとデメリットを比べると、2つのデメリットのどちらも、災害

時の犠牲者減少というメリットには及ばない。人命を救うというメリットの方が明らかに大きいのである。

　よって、首都移転は行うべきであると考える。

Point 2　理由・論証部分が長い場合

☐　理由・論証部分が長い場合、

　　　「…（冒頭部の結論）…」→「理由は以下の通りである。」→「…（理由・論証部分）…」→「……（結論の繰り返し）…」

　という形にすると分かりやすい。

16 事実か意見か

STEP 1

1 ▶▶
❶事実 ❷事実 ❸意見 ❹事実 ❺意見 ❻意見
❼事実 ❽事実 ❾意見 ❿事実 ⓫意見 ⓬意見

事実を述べる文と意見を述べる文とでは、文末の表現が異なります。

POINT 1　事実を述べる文と意見を述べる文の例

☐　事実を述べる文の例：イモリは両生類、ヤモリは爬虫類である。
　　　　　　　　　　　　1964年に東海道新幹線が開通した。
　　　　　　　　　　　　3年前より留学生が減少している。
☐　意見を述べる文の例：調査結果からすると、シャーベットよりアイスクリーム
　　　　　　　　　　　　の方が好まれていると言ってよい。
　　　　　　　　　　　　受動喫煙への対策を取るべきである。
　　　　　　　　　　　　この点に触れていないのは問題ではないだろうか。

STEP 2

2 ▶▶

❶日本に暮らす外国人に対する日本語教育の課題は何だろうか。／緊急時の連絡は、生活していく上で大切な能力であろう。日本に暮らす外国人に対し、早急に、緊急時の連絡方法を伝える必要があるのではないか。

❷近年、子どもの学力と生活習慣についての調査研究が多いように見受けられる。／これらの結果を受け、生活習慣を改善する取り組みを行う学校が出てくるだろう。我々も、今後、これらの取り組みを注視すべきである。

❸つまり、平成21年度の中学校2年生は、昭和60年度の中学校2年生に比べて、全体的に体力が下がっていると言えるのである。このような変化はなぜ生じたのだろうか。

❹近年、レアメタルの重要性が指摘されているが、レアメタルを多く含む携帯電話・PHSのリサイクル回収率の実態は、必ずしもよいものではなく、問題である。／このことから、今後のPR活動によっては、回収率が高まる可能性もあると考えられる。

❺これは、言葉の変化に対する兼好法師の見解を知ることのできる部分であろう。

事実を述べる文と意見を述べる文は、論文やレポートの中で、次のような内容をあらわすことが多くあります。

Point 2　事実を述べる文の内容と意見を述べる文の内容
□　事実を述べる文：先行研究の紹介・データの提示　等
□　意見を述べる文：データの解釈・考察・問題提起　等

Step 3　3 ▶▶　解答例
❶・表の内容を紹介する部分に「増えているように思われる」と意見を述べる文末表現が用いられている。
・「かなり高い」「ほとんどの年代」とあいまいな表現が用いられている。「70％以上」等具体的な数値で述べる方がよい。
❷・「外来語の表記」の「前書き」には「自由に書いてよい」とは書かれていないので、引用の仕方が不適切である。
❸・「遊ぶ金欲しさにアルバイト時間が増えているという事実」とあるが、表からは「遊び回っている」ことは読み取れず、推測・意見にすぎない。平成20年度の方がアルバイト等の就労活動時間が増えているのは確かだが、それが「遊ぶ金欲しさ」かどうかは分からない。
❹・「専門用語の意味を明確にすることが大切であると主張できる」は参考文献（安部2009）に述べられていることだが、この文末表現だと参考文献を基にした内容だとは読み取れず、自分の意見のように書かれている。引用と自分の意見は分けて書く必要があるのに、それがあいまいに書かれている点が問題である。

　事実を述べる文を書くときには、できるだけ具体的なデータを載せることが大切です。例えば、「Aと回答した人数が多い。」という文は、何と比較してどのくらい多いのか書かれておらず、「多い」とする根拠が客観的事実に基づくのか、それとも筆者の主観的な感覚なのかがあいまいです。「Aと回答した人数は、Bと回答した人数に比べて30人多い。」とすれば、数値に基づく客観的な文になります。
　Step 3は、事実と意見の書き分けについて、文末表現だけでなく、事実から導かれる内容として妥当かどうかという、内容にまで踏み込んで考える課題となっています。また、引用と自分の意見を分けることについて考える内容も含まれています。いずれも発展的な内容ですので、第17章「データの解釈」、第23章「参考文献の書き方・引用の仕方」も参照してください。

データの解釈

第2部 Japanese Expression **17**　P55-58

STEP 1

1 ▶▶ 解答例

❶回答者集団が、「女子大学の芸術学部2年生」に限られている。このテーマであれば、専門（学部）や性別に偏りがないようなデータでないと、「現在の日本の大学生」全体について推測できない。

❷新橋駅前の街頭インタビューでは、回答者の出身地等に偏りがあり、「そばとうどんのどちらが好きか」というようなテーマについては、（関西ではうどんが好きな人が多くなる等）日本人全体の傾向を反映したデータになっていない可能性が高い。このテーマについて「日本人は、…」というのであれば、出身地等が偏らないような回答者の集め方をする必要がある。

2 ▶▶ 解答例

❶「欠席しやすい」かどうかは、単純な欠席の回数ではなく、「全体の回数における、欠席回数の割合」で見るべきである。たとえば、部活動に入っておらず、そもそも欠席しようがない人が多数いれば、部活の欠席回数が少なくても、単純に部活の方を欠席しにくいとは言えない。また、全員が部活に入っていても、部活動が行われる回数が授業の回数よりも少なければ、やはり単純に部活の方を欠席しにくいとは言えないことになる。従ってこのケースの場合、少なくとも「授業への参加者人数と部活動参加者人数」「1年間の授業回数と部活の回数」を調べないといけない。

❷上記と同様、「事故を起こしにくい」かどうかは、事故を起こした回数そのものではなく、「全体に対する、事故を起こした回数の比率」で見なければいけないだろう。このケースにおける「全体」については「30歳～39歳、60歳～69歳それぞれの総運転者数」「それぞれの総運転時間数」など、いくつかの候補がありうるが、少なくともそれらのうちの1つは調べ、それに対する事故の回数の割合を見る必要がある。

POINT 1　データ解釈の注意点

- ☐ （アンケートの回答者等）調査した対象集団に、偏りがないか注意する。
- ☐ 「…しやすい／しにくい」「…傾向にある」ということを明らかにする場合、重要になるのは単純な数ではなく、「全体における割合の大小」であることが多い。

STEP 2　3 ▶▶ 解答例

❶猫を飼っている人に猫の毛のアレルギーが極端に少ないのは、「猫を飼うことが猫の毛のアレルギーを抑えている」のではなく、「猫の毛のアレルギーを持つ人が、そもそもめったに猫を飼わない」からである、と考える方が自然である。このケースで言えば、「…効果がある。」「…する原因になっている。」ということが言えるためには、少なくとも「それまで猫を飼っていなかった、猫の毛のアレルギーのある人が、猫を飼って一定期間過ぎた」というグループ（A）と、「猫の毛のアレルギーのある人が、そのまま猫を飼わなかった」というグループ（B）とを比較調査し、「猫の毛のアレルギーがなくなった」人が、（A）のグループの方に多かった、という結果が出なければならない。

❷現時点で年齢の高い世代に演歌を好む人が多くても、これが加齢によって変化した結果かどうかは分からない。「演歌が好き」と答えた70代の74人は、30代の頃から全員演歌が好きであった可能性もあり、少なくともこの調査からではその可能性を否定できない。「年を取るにつれ変わる（好きになる）」ということを示すためには、できれば同じ被調査者に対し、時間の経過ごと（例えば10年ごと）に調査をする（＝経年調査を行う）必要がある。

❸このケースは、調査方法に重大な問題がある。すなわち、個人が特定されやすい環境で、法に触れる可能性のあることをした経験があるかどうかを聞かれた場合、普通のアンケート等に比べ、嘘をつく可能性が極端に高くなると予想されるので、この調査結果（データ）そのものが信用できないと思われる。また、法学部の授業であるということも、（法を犯した者への批判が通常よりも厳しいのではないかと心配になる、等）嘘をつく回答者を増やしている可能性がある。

　❸については、一般的にアンケート調査の場合、回答者が嘘をつく可能性は、常にゼロではないのであるが、嘘をつく理由が明らかに存在するような調査は有効性が極めて低い、ということである。

18 レポートの内容と執筆スケジュール

Japanese Expression 第2部　P59-60

STEP 1

1 ▶▶ 解答例

❶鈴木君のレポート　D（場合によってはC）／評価の理由…授業との関連が認められない。また、単なる感想文である。出席がよく、努力を評価すれば、Cかもしれない。　❷城下君のレポート　C（場合によってはD）／評価の理由…授業との関連は認められるものの、こちらも単なる感想文である。厳しい教員であれば、Dも十分にありうる。　❸坂口さんのレポート　A（場合によってはB）／評価の理由…授業との関連が認められる。かつ、先行研究を踏まえた上で、小規模な調査を行っているので、ある程度の評価を得られると思われる。

POINT 1　手堅いレポートを書くための注意

☐　授業の内容を踏まえること。
☐　先行研究を踏まえた上で、（小規模でもよいので）調査を行うこと。

STEP 2

2 ▶▶ 解答例

提出予定日	7月20日（火）13時	提出場所（教務のポスト）
印刷・ホチキス止め	7月19日（月）13時〜	印刷に要する時間 （1時間、プリンタ故障の場合は、翌日の午前中に行う）
最後の見直し+訂正 （最低1度は音読する）	7月19日（月）10時〜	見直し+訂正に要する時間 （音読20分、訂正があれば+1時間）
レポートの提出要領を見て体裁の確認+訂正	7月19日（月）9時〜	体裁の確認+訂正に要する時間 （確認20分、訂正があれば+40分） ※執筆終了後から、少し時間をおいてチェックした方がよいでしょう。自分の文章を客観的に検討できます（もっと早めに確認してもよい）。
執筆開始	7月5日（月）16時〜	執筆に要する時間（8時間） ※本書第3部のスロット型教材をモデルにすると、はやく書くことができます。

小規模な調査	7月4日（日）10時〜	調査に要する時間 (8時間) ※図書館での調査などで、休日に調査できない場合は、平日に行います。
調査課題の設定	7月3日（土）20時〜	課題の設定に要する時間 (2時間) ※8時間程度でできそうな調査課題を考えてみましょう。考え方は、20章を参照してください。
文献の講読	7月3日（土）14時〜	文献の講読に要する時間 (4時間) ※時間をあけると興味が薄れるので、一気に読む方がよいでしょう。
文献の検索と入手	7月3日（土）13時〜	文献の検索と入手に要する時間 (1時間) ※19章の方法等で文献を探します。図書館が休館であるという場合は、平日に検索します。
授業ノートの復習	7月2日（金）19時〜	ノートの復習に要する時間 (1時間) ※簡単に見直すだけでも、レポートに違いが出ます。
締切と提出場所、体裁の確認	7月1日（木）18時〜	確認に要する時間 (10分) ※課題・締切・提出場所・体裁の4点をすぐに確認しましょう。

　期末レポートの執筆スケジュールは、期末テストの時期を考慮しながら決めましょう。今回のように7月下旬にテストが続く場合は、7月中旬までに準備する必要があります。一方で、7月中旬にテストが集中している場合は、テスト終了後にレポートを執筆してもよいでしょう。いずれにせよ、提出予定日から逆算して、執筆スケジュールを考える必要があります。

　なお、レポートの体裁を確認したら、すぐに、パソコンの書式設定を、その体裁に合わせましょう。「提出直前に体裁を整える」という行為は、おすすめできません。

　小規模調査に必要な時間ですが、これは、レポートの種類や、どのくらいそのレポートに力を入れたいのかによって、大きく変わってきます。期末レポートの場合ですと、4時間〜1週間くらいの幅があります。他のレポートやテストの状況、どのくらいそのレポートに力を入れたいかを総合的に考えて調査課題を決めましょう（課題設定の仕方は、20章で扱います）。ここでは調査時間を1日（8時間程度）と考えて執筆スケジュールを考えました。

第2部 Japanese Expression 19 ▭ P61-62

文献の検索

STEP 1　1 ▶▶

パターンA

レポートのテーマが見つかっている人は、次の手順で文献を手に入れましょう。

① 授業で、論文や入門書の探し方を習っている人は、その方法に従って、そのテーマに関する文献を探してください。

② 特に探し方を習っていない人は、「想」(トレーニングシート62ページの注1)の「新書マップ・テーマ」等を利用して、そのテーマのキーワードで検索し、興味のある文庫本や入門書等を探すと便利です。また、Webcat Plus (トレーニングシート62ページの注3)を利用すると、その本が、自分の大学の図書館にあるかどうかを調べることができます。

③ CiNii (トレーニングシート62ページの注2) 等の検索サイトを利用して、そのテーマのキーワードで検索し、興味のある論文等を探すという方法も有効です。

④ 上記の②③等で検索した後、可能であれば、教員に、「論文や入門書の探し方」「そのテーマにあった文献」等を聞いてみましょう。

⑤ 必要な文献が分かったら、図書館に行って、その文献があるかどうか、確かめてみましょう。図書館に文献がない場合は、図書館の「レファレンス」で相談してみるとよいでしょう。「文献の取り寄せ」等の方法を教えてくれると思います。

パターンB

どうしてもレポートのテーマが見つからない人は、次の手順で進むとよいでしょう。

① まず、「想」(トレーニングシート62ページの注1)の「新書マップ・テーマ」等を利用して、入門書にあたってみましょう。例えば、心理学でレポートを書く場合は、「心理学」と入力すれば、関係する文庫本等を見つけてくれます。Webcat Plus (トレーニングシート62ページの注3)を利用すると、その本が、自分の大学の図書館にあるかどうかを調べることができます。

② 入門書や関連のある文献が分かったら、実際に図書館に行って、その本を探してみましょう。探している文献がない場合は、図書館の「レファレンス」で相談してみるとよいと思います。また、探している文献が図書館になくて

も、図書館に行けば、「探している文献に関連のある書棚」が必ずあると思います。その書棚にある本を手に取って見てみましょう。
③ 入門書や関係する文献を見つけたら、次の方法で文献を読んで、テーマを探すとよいと思います。

  a 文献を読んでみて、分からなかったり、つまらないところがあったら、そこはとばして読む。
  b とばして読む部分が多すぎて、その文献がつまらなくなったら、読むのをやめる。
  c 別の文献を手に取り、aに戻る。
  d この読み方を繰り返すうちに、興味を持って読むことができるテーマ（読みとばさない部分）が出てくるので、そのテーマに関する入門書を読む。

　難しい文献を無理に読もうとすると眠くなってしまいます。最初の段階では、あまり無理をせずに、「分からなかったら、次、次」という気楽な姿勢で、文献にあたることも大切です。そのうちに、興味を持てる分野が分かってきますし、結果として、多くの時間、文献に触れていることになります。当然、手に取った文献が面白ければ、無理に読みとばす必要はなく、深く読んでみるのがよいと思います。
　なお、分野によっては有用な検索サイトが異なるので、教員に聞いてみるとよいでしょう。

STEP 2 2 ▶▶
解答省略。

　複写をするときには、雑誌や書籍の奥付も複写しておくと、文献一覧を作成するとき便利です（複写依頼をする時にも、奥付の複写を依頼するとよいでしょう）。ただし、複写する場合は、著作権に十分注意をしてください。また、文献の大きさはまちまちですが、縮小拡大等の機能を用いて、A4サイズに統一する等の工夫もよいかと思います。
　ISBNやISSN等の番号が分かる場合には、それもメモしておきましょう。文献を取り寄せる際に役に立ちます。

調査課題の設定

Japanese Expression 第2部 20 ▷ P63-64

STEP 1

1 ▶▶ 解答例

❶・「(A) 面白い、(B) つまらない、(C) 今ひとつ、(D) ねらいは分かる」という判断基準が、あまりに主観的過ぎて、学術的な意味がない。
・「(B) つまらない」かつ「(D) ねらいは分かる」等の場合、どのように分類すればよいか分からない。
・多くの学生に質問をして、「今の大学生が好きな和歌を調べる」ということであれば意味もあろうが、たった一人の判断では、自分の好みを示しているに過ぎない。
・これらの理由により、②の修辞法の調査が意味をなさない。

❷・165名対象にアンケートを行うのは、期末レポートの調査としては、大規模すぎて現実的ではないと思われる。
・アルバイトの収入ということは、かなりデリケートな問題であり、このようなアンケートを行えるかも、慎重に検討した方がよい(その意味で、回答を匿名にしている点は評価できる)。
・「(A) かなり収入がある」「(B) まずまず収入がある」等の言い方では、あまりに判断基準が曖昧である。調査するのであれば、「10万円以上」等のように、具体的な金額を示し、客観的な基準を示すべきである。
・2つ目の質問の「(A) かなり買う」や「(C) ある程度どちらも買う」等も、あまりに判断基準が曖昧である。ここも、金額や冊数等の客観的な基準にするべきである。加えて、「(B) マンガなら買う」という選択肢をみると、マンガの購入と、マンガ以外の購入を、分けて調査することが目的のようである。それならば、マンガの購入と、マンガ以外の購入を、分けて質問するべきである。
・「(E) そもそも本は買わない、(F) そもそも本は読まない」等も、何を聞きたいのか分かりにくい(本は買わないが、図書館等で借りて読む人は(E)、本を買うことも借りることもしない人は(F)、ということだろうか)。

POINT 1　調査課題を設定する際に重要なこと
☐　判断基準を、可能な限り客観的にすること(第3者が再現できるようにすること)。
☐　アンケートの場合は、複数の人に聞くこと。

☐ 目的にあった調査を設定すること。

STEP 2

2 ▶▶ 解答例
- 通学時間と書籍購入の関係（通学時間が長い学生ほど、多くの書籍を購入するのではないか）
- 読書量と成績の関係（読書量の多い学生ほど、成績がよいのではないか）
- 漫画と漫画以外の本の購入の関係（漫画を購入する人は、漫画以外の本も買うのか）
- 季節によって、読書量や書籍の購入量に差があるのか
- 20年前の新聞の読書案内と、今の新聞の読書案内を比べた場合、何か差があるか
- 20年前にベストセラーになった本と、今、ベストセラーになっている本で、何か差があるか
- 就職状況の厳しさと、就職活動本の売れ行きに、何か関係があるか

3 ▶▶ 解答例（AパターンとBパターンがあります。）
現実的な調査課題
A「通学時間と書籍購入の関係」
B「20年前の新聞の読書案内と、今の新聞の読書案内を比べた場合、何か差があるか」
どのような調査を行うか
A　クラスメイト10名にアンケート調査を行う。
B　図書館で各社の新聞を調べる。
調査にかかりそうな時間
- 準備　　　　A　4時間（アンケート作成、クラスメイトの確保）
　　　　　　　B　特になし
- 実際の調査　A　アンケート20分
　　　　　　　B　新聞調査4時間
- データの処理　A　3時間（相関等をみる）
　　　　　　　B　4時間（違いがあるかないかを考察する）

Japanese Expression 第2部 21 ▷ P65–66

レポートの構成

STEP 1

1 ▶▶
「結論と今後の課題」＝ カ 「調査の概要」＝ ウ 「はじめに」＝ イ 「先行研究について」＝ オ 「調査結果と考察」＝ エ 「引用文献一覧」＝ ア

2 ▶▶
イ → オ → ウ → エ → カ → ア

　レポートの基本的な構成は、概ね以下のようになります。

1章　はじめに
2章　先行研究について
3章　調査の概要
4章　調査結果と考察
5章　結論と今後の課題
引用文献一覧

　分野等によって異なりはありますが、上記の構成を基本として、どこが異なるのかをおさえていくと、分かりやすいと思います。
　また、「はじめに」と対応させるために、「結論と今後の課題」を「おわりに」とすることもあれば、「はじめに」をもう少し分かりやすくして「研究の目的と意義、及び結論」等のようにすることもあります。このあたりは、好みの問題もかかわってくるところです。ただし、重要なことは、基本的な構成をおさえた上で個性を出す、ということですので、その点は、忘れないようにしてください。

POINT 1　「レポートの構成」で重要なこと
☐　基本的な構成をおさえた上で個性を出す。よって、まず基本をおさえることが重要である。

STEP 2

3 ▶▶ 解答例
　階層を把握しやすいように、節の付いている部分の冒頭を、少し下げて示すと、

次のようになります。

```
1. はじめに
2. 基本的な用語の説明
3. 先行研究
   3.1.  先行研究の概観
   3.2.  伊藤＆上杉（1997）
   3.3.  大沼＆永原（2000）
   3.4.  前田＆吉見（2005）
   3.5.  渡邉（2008）
   3.6.  先行研究の問題点
4. 調査の概要
   4.1.  調査対象者の説明
   4.2.  調査方法の説明
5. 調査結果
6. 考察
7. 結論と今後の課題
```

　この他に、必要に応じて添付資料を付ける等のこともあります。また、このStep 2のレポートのように、「基本的な用語の説明」という章を設けたり、「調査結果」と「考察」を分けて示したりする場合もあります（両者が短い場合は、「調査結果と考察」のようにまとめることが多いようです）。さらに、「調査の概要」を、「調査対象者の説明」と「調査方法の説明」とに分けて書くこともあります。様々なバリエーションがありますので、基本をおさえた上で、自分のレポートに合った分かりやすい構成を考えてみましょう。

　節をさらに分けたものを「小節」と言い、レポート中では、「本小節で述べたことは……」のような使い方をします。覚えておくと便利です。

　なお、本書は、卒業論文の執筆を念頭に置き、「章」「節」という言葉を使用していますが、レポートの長さであれば「章」を用いず「節」のみでよい、という考え方もあります。

注の書き方

Japanese Expression 第2部

22 ▷ P67–70

STEP 1

1 ▶▶

❶ *1 = イ　*2 = ウ　❷ *1 = キ　❸ *1 = ア　❹ *1 = オ　*2 = エ　❺ *1 = カ

　レポートや論文では、読み手の誤解を招かないように、できるだけ丁寧に説明をする必要がありますが、細かな説明を本文中に入れすぎると、かえって論の道筋が明解でなくなり、理解しにくくなることがあります。よって、注を適切に入れることが大切です。

　どのような場合に注を付けるかについては、参考文献・引用文献も「注」として扱う方法と、参考文献・引用文献を注と分けて示す方法とがあります。ここでは、後者の、参考文献・引用文献を注と分けて示す方法について紹介します。後者の場合、注にはどのような内容を挙げればよいかについて、シートにも挙げた例を以下に再掲しますので、参考にしてください。

POINT 1　どのような内容を注にするか

■ 論文中に挙げられた事象や用語についての注
- □ 当該の事象や用語が今までにどのように呼ばれてきたのかを説明する。
- □ 当該の事象についての概略・一般的知識を説明する。
- □ 当該の事象に関して参照すべき先行研究を説明する。

■ 論文で取り上げる問題や関連する問題についての注
- □ 関連する、今後の課題や、研究の方向性について、アイディアを示す。
- □ 一見関連があるような事柄について言及し、実は、本稿の考察とは直接関係しないこと（考察の対象外であること）を明示する。

■ その他の注
- □ 当該の内容について、他の人から教示を受けたことを説明する。
- □ 論文が、既に発表した内容を基にしていることを説明する。

STEP 2

2 ▶▶　解答例

　前節では、上山虎三の初期の作品である『生真面目な散策』と『数奇な運命と堪忍袋』の両作品を比較し、「生真面目さ」がキーワードになることを論じた。本節では、上山の姉であり、作家で俳人の下川菖蒲の小説『おどけた子猫と庭の鶯』と

を比較し、上山の初期の作品の「生真面目さ」について、さらに検討をしていく。

下川菖蒲は、上山虎三の12歳違いの実姉である。虎三は、7人兄弟の中で菖蒲を最も慕っており、5歳の頃、嫁いでいく菖蒲を追いかけ、東京日本橋の実家から水天宮[*1]まで泣きながら追いかけた話は、二人の関係を示す大変有名な逸話として、多くの研究で取り上げられている[*2]。

そのような関係の二人の作品は、専ら「虎三の作品が菖蒲の作品からどのような影響を受けたか」という視点で研究されてきた[*3]。しかし、『生真面目な散策』と『おどけた子猫と庭の鶯』については、そのような関係性では捉えられず、「菖蒲の作品が虎三の作品から影響を受けているのではないか」と考えられる点が指摘できるのである[*4]。

まず、二つの作品の完成の時期を確認しておきたい。『生真面目な散策』は、出版が1915年、『おどけた子猫と庭の鶯』は1914年であり、出版年から考えると、菖蒲の作品が虎三の作品の影響を受けたとは考えにくい。しかし、昨年発見された書簡から確認できるように、作品の完成時期はともに1914年3月頃である。次に1913年12月の、菖蒲から虎三への手紙を引用する[*5]。

> 虎三様
> 　年も押し迫ってきましたがお元気でしょうか。先日はご教示ありがとうございました。……（略）

❶ *1　水天宮は、現在の東京都中央区日本橋蛎殻町にある神社であり、日本橋からは約1kmの距離にある。

❷ *2　上山虎三と下川菖蒲との関係についての先行研究として、花巻（1978）、石村（1979）、戸田（1982）、川原（1985）、山名（1988）が挙げられる。

❸ *3　「虎三の作品が菖蒲の作品から影響を受けている」という指摘については、葛西（1971）、奥野（1978）等多くの研究がある。一連の研究の流れについては、鈴村（1998）を参照されたい。

❹ *4　「菖蒲の作品から影響を受けている」と言われる虎三の他の作品についても、再検討する必要があると考えられる。その他の作品についての検討は、今後の課題としたい。

❺ *5　書簡の引用文に付した下線は筆者による。

STEP 2 は、本文への注の具体的な付け方についての課題です。実際のレポートや論文では、本文の論の流れを妨げないように、適切な位置に注を付けることが大切です。

参考文献の書き方・引用の仕方

STEP 1

1 ▶▶

❶ a＝論文タイトル　b＝副題　c＝雑誌名　d＝雑誌発行団体　e＝巻号数　f＝掲載ページ　g＝発行年
❷ a＝著者名　b＝図書名　c＝出版社　d＝出版地　e＝発行年　f＝編集団体名　g＝図書名　h＝出版社　i＝出版地　j＝発行年

英文文献の記載の標準例は、例えば以下の通りです。

- 雑誌論文の場合

Postal, Paul (1970) On the surface verb "remind". *Linguistic Inquirry* 1:37-120
　　著者名　　　発行年　　　　　論文タイトル　　　　　　　　　雑誌名　　　　巻号数　掲載ページ

- 図書の場合

Bloomfield, Leonard (1933) *Language*. New York : Holt
　　著者名　　　　発行年　　図書名　　　出版地　　出版社

POINT 1　参考文献欄に必要な基本項目

☐ 基本的に必要な項目は、トレーニングシート71ページ「参考文献表示の主な項目」の通り。
☐ 実際にレポートに書く場合の細部については、それぞれの専門分野の論文や図書の、参考文献欄の書式に従うとよい。

STEP 2

2 ▶▶

❶ 伊藤茂 (2010)「宮崎県の若者ことばの変化と地理的条件　－通学圏の変化を中心に」『西日本方言の研究』3巻2号　pp.24-52　西日本諸方言学会
❷ 長谷川絵美・川合美智子 (2004)『相づち行動とその周辺　動きとことば』東京：さとみ出版

論文集（異なる著者による複数の論文が集められている図書）に所収されている論文を参考文献として表示する場合は、

中井幸比古 (1990)「アクセント核の担い手について　－真鍋式諸方言と中央

> 式京都型諸方言における」『アジアの諸言語と一般言語学』　崎山理ほか編　三省堂

のように、
- 論文集名を雑誌名のように書く。
- 巻号数は通常ないので書かなくてよい（上・下などに分かれていれば、それは書く）。
- 編者・編集団体がある場合は書く。
- 出版社名も書く。

というような形で扱うことが多いようです。

このほか、「図書がシリーズとして出ていて、シリーズ名、シリーズ内での号数、編者が存在する」「雑誌論文ではなく、学会発表の予稿集・ポスター発表である」など、やや特殊な形態をとる場合があります。そのような場合、「検索の利便性を考えると、情報は多めのほうがよい」「同一の、類似の形態をとっている文献を参考文献として挙げている資料を探し、そこでの書式をまねる」というような考え方をとるとよいでしょう。

STEP 3

3 ▶▶

❶～❷解答例省略　トレーニングシート74ページの〈例〉参照。

---

❶引用部分が長い場合には、行を送った上で、行頭を2～4字程度下げて書きます。この場合には
- 「　　　」で括らないのが普通。字の大きさ（ポイント）を本文よりも小さくすることもある。
- まとまりの一部を切り取ってくる場合には、前や後に「…（リーダ）」を付ける。

という引用の仕方が多いようです。

❷引用部分が短い場合は、行送りはしないで「　　　」で括って引用するのが普通です。

POINT 2　**引用についての注意点**

☐　考え方としては、どこからどこまでが引用元のことば（内容）で、どこからが自分のことばかを区別できるように書くことが重要。

☐　具体的な書式の詳細については、トレーニングシート74ページの〈例〉を参照。

第2部 体裁・書式

Japanese Expression 24　P75-76

STEP 1

1 ▶▶ 解答例

```
授業名　　：日本語史概論（前期水曜1時限）
担当教員：野山次郎先生
中間レポート課題：
「テキスト第3章第4章の内容をまとめる」
提出期限：20XX年5月31日（月）




                    所属：文学部日本語日本文学科2年
                    学籍番号：0912XXS
                    氏名：花川咲代
```

　レポートを提出するときには、体裁や書式の指示があるかどうか、確認することが必要です。指定された体裁・書式に従って、レポートを作成するようにしましょう。
　レポートに表紙を付けるかどうかについては、特に指示がなければ、表紙を付けた方が無難です。また、表紙に何を記載するかについては、特に指示がなければ、上記解答例のような項目を記載するとよいでしょう。
　上記解答例は、一見必要なさそうな、開講曜日や教員名、提出期限等が記載されています。レポートを提出する側としては、授業名と学籍番号・氏名が書いてあればよいと考えがちですが、授業によっては、「同一科目名で複数の時間帯に開講さ

れている」「同一科目名で複数の教員が担当している」「同じ教員が同じ時期に複数のレポートを課している」「同一科目で頻繁にレポートが課されている」といったことが考えられます。特に指示のない場合は、当該のレポートかどうかを教員が確認することができるように、上記のような項目を記載しておくとよいと思います。

STEP 2

2 ▶▶ 解答例

・不必要にフォント（字体）やポイント数（文字の大きさ）を変えている。
・不必要な文字装飾（反転や影文字）を用いている。
・間違いを修正液で消さず、ペンで塗りつぶしている。
・行間と字間を段落によって変えており、行間・字間が不適切で読みにくい箇所がある。
・段落の冒頭を一字下げせず、メールやWebページのような書き方（一字下げせず、一行空ける）になっている。
・文末に常体（「〜だ」「〜である」の文）と敬体（「〜です」「〜ます」の文）が混ざっている。
・感嘆符「！」を用いている。
・ページ番号が付されていない。
・節番号の振り方が不適切である。（「2　中世の日本語」のあとは「2.1」等にするのが普通であるが、「1」になっている。）　等

　発表のためにパワーポイント等の発表用ソフトを用いてスライドを作成するときには、必要に応じて、文字色やポイント数を変えて目立たせる等の工夫を行いますが、レポートでは、基本的にはそのようなことは行いません。

　また、レポートは、Eメール等のWeb上の文章とは異なり、書籍の文章と同様の形式を用います。よって、段落の冒頭は必ず一字下げをするようにしましょう。エッセーとも異なりますので、基本的には常体（〜である）で統一し、「！」（感嘆符）等の記号は使わないようにします。

　書き終わったら、必ず推敲をしましょう。その際、音読をしてみると、誤字脱字や分かりにくい表現の箇所を発見することができます。誤字脱字があると、書きたいことが正確に伝わりません。

　修正するときも、ペンで適当に塗りつぶす等せず、修正液を用いてきれいに修正するか、ワープロの場合は印刷する前に修正をするようにします。

　忘れがちなのは、ページを振ることです。ページが振ってあるかどうか、必ず確認しましょう。

レポート課題とレポートを書く順序

研究分野や書き手によって、多少の異なりがあると思いますが、一般的に言って、最も「書きやすくて」「分かりやすい文章になる」順序は、以下のものでしょう。

STEP 1　1 ▶▶ 解答例

第1章　はじめに　　　　　　（ 6 ）あるいは（ 5 ）
第2章　先行研究について　　（ 1 ）
第3章　調査の概要　　　　　（ 2 ）
第4章　調査結果と考察　　　（ 3 ）
第5章　結論と今後の課題　　（ 4 ）
引用文献一覧　　　　　　　　（ 5 ）あるいは（ 6 ）

「第1章　はじめに」は一番最後に書くのがよい

多くの人は、このことを知らず、冒頭からレポートを書こうとします。その結果、なかなか書けない、ということになってしまうのです。では、どこから書き始めるのがよいのでしょうか。

「第2章　先行研究について」から書き始めるのがよい

答えは、「第2章　先行研究について」から書き始める、です。19章の方法で先行研究を探したら、図書館に行って、最低でも、論文2本は読むようにしてください。実際には、「レポートであれば先行研究を読む必要がない」という場合もあるかもしれません。しかし、先行研究を見ることによって、「その分野でどのようなことが研究されているのか」や「その分野の論文の書き方はどのようなものか」等が分かるので、本テキストでは、先行研究を大切にしたいと思います（先行研究を見ていれば、レポートの評価も高くなります）。入門的な論文で構いませんので、「最低2本読む」に挑戦してみてください（なお、卒業論文の場合は、もっと多くの論文を読む必要がありますし、教員によっては、レポートでも、より多くの先行研究を読む必要があるという人もいるでしょう）。

「第2章　先行研究について」を書くと気分が楽になる

論文を読んだら、その論文がどのようなことを明らかにしているのか、早速、書

いてみましょう。もうそれがレポートの一部なのです。先行研究に書いてあることをまとめるだけなので、比較的簡単に、レポートを書くことができます。既にレポートを書いているという事実は、気分を楽にします。

次に「第3章 調査の概要」「第4章 調査結果と考察」を書く

「第3章 調査の概要」で、どのような調査をしたかを書きます。書き方のコツは27章で述べますが、自分が調査したことを書けばよいのですぐに取り組むことができます。それが終わったら、どのような調査結果になったのか、そして、その結果はどう解釈できるのかを「第4章 調査結果と考察」で、書いてみましょう。調査結果は、事実をそのまま書けばよいので、それほど難しくありません。考察は、やや難しい感じもしますが、不安を感じる必要はありません。「調査結果から、どのようなことが分かったのか（あるいは、調査結果を自分はどのように考えるのか）」を、自分なりに、ストレートに書いてみましょう。期末レポートであれば、基本的にそれで大丈夫だと思います。

「第5章 結論と今後の課題」「引用文献一覧」を書く

ここまできたら、レポートはできたも同然です。「第5章 結論と今後の課題」で、このレポートで分かったこと等を書き（29章で書き方のコツを述べます）、「引用文献一覧」を作成しましょう（23章を参照してください。見直しの時間を入れても、比較的、短時間で書くことができます）。

最後に「第1章 はじめに」を書く

そして、最後に、「第1章 はじめに」に取り組むわけです。この段階では、もう、「レポートで取り組んだこと」「先行研究で明らかにされていること」「先行研究で明確になっていないこと」「調査の概要」「調査結果と考察」等は全て分かっています。それをそのまま書けばよいだけです。そうすれば、分かりやすい「第1章 はじめに」のできあがりです。同時に、期末レポートも完成するというわけです。

どうですか。最初からレポートを書き始めるより、こちらの方が、簡単だと思いませんか。もしよかったら「先行研究について」から書くこの方法を試してみてください。レポートや論文は書ける部分から書いた方が気が楽ですし、自分なりの見通し（あと4時間くらいでできるな等）も持てるようになります。

このようなわけで、以下、このテキストでは、先行研究について（26章）→調査の概要（27章）→調査結果と考察（28章）→結論と今後の課題（29章）→はじめに（30章）の順で、進めていきたいと思います。

第3部 26 先行研究について

Japanese Expression　P79–84

STEP 1　**1 ▶▶** 解答例

紹介例A……ア、カ　紹介例B……イ　紹介例C……ウ、オ　紹介例D……エ

紹介例A……分野にもよりますが、一般的に、100冊も推理小説を調査していれば十分であり、全ての推理小説を調査することは不可能に近いでしょう（ただし、「教科書が1種類のみ」という批判は妥当かもしれません）。また、最後の一文である「山口玲奈1967が述べているように、～」の箇所は、「文章の難しさとは別に考えるべきである」と述べているのが、山口玲奈1967なのか、それとも筆者なのか、分かりにくいので、このような書き方はよくないでしょう。

紹介例B……文学賞作品の特徴を調べることが、佐藤彩香1989の研究目的だと思われます。当然、文学賞を受賞しなかった作品との対比は重要ですが、紹介例Bは明らかに言いすぎで、先行研究の目的を理解していないと思われます。

紹介例C……自分はこう思うという道徳的な批判だけでは、議論は成り立ちません。また、先行研究は、「詫び状は、長ければ長いほどよい」と主張しているわけではありません。

紹介例D……先行研究の内容が、極めて分かりにくいと思います。

「先行研究の問題点を、（自分のレポートで解決するわけでもないのに）過剰に述べている」レポートが多く見られます。当然、「先行研究の問題点を自分のレポートで解決する」という場合は、問題点をはっきりと指摘するべきです。しかし、そうでない場合は、先行研究の疑問点を指摘するくらいにして、「先行研究の内容を分かりやすく紹介する」ということに力点を置いて執筆しましょう。

POINT 1　先行研究の書き方

☐　先行研究については、疑問点を指摘する程度にして、「内容を分かりやすく紹介する」ことに力点を置く。

STEP 2　**2 ▶▶** 解答例

❶「文の長さと、分かりやすさの関係」　❷山口玲奈1967　❸佐藤彩香1989
❹杉藤沙織2005　❺吉沢数子2010　❻小学校～高等学校の教科書の場合、学

年が高くなり文章が難しくなるにつれて文が長くなること、❼文学賞受賞作品の文の長さが、年々、短くなっていること、❽詫び状の一文は通常の文章と比べて極めて長く約2倍近くあること、❾一文が長いエッセイでも短いエッセイでも、新聞の読者投稿欄に投稿した場合、結果に大きな差がないこと　❿「論文の冒頭部分における文の長さと、分かりやすさの関係」

3 ▶▶　解答例
⓫「文の長さと文章の難しさ」　⓬小学校から高等学校までの国語の教科書、推理小説、新聞を資料として、それぞれの文の長さを調べる　⓭学年が高くなり文章が難しくなるにつれて文が長くなること、また、小学校6年生の教科書と推理小説では文の長さが近くなること　⓮難しい文章ほど長くなる傾向にあるということであり、また、小学校6年生の国語の教科書の難しさは、大体、推理小説と同じぐらい　⓯教科書を1種類しか調べていないので、資料として少ないのではないか　⓰文の長さと文章の難しさの関係を調べた　⓱「文学賞作品の文の長さ」　⓲佐藤彩香1989では、1970年～1988年までの文学賞受賞作品の文の長さを数えるという調査を行い、年々、一文が短くなる傾向があること等を明らかにしている。また、分かりやすい表現が好まれる時代になってきたので、文学賞に応募する際には、短い文章を心がけた方がよいと述べている。分かりやすく具体的に述べると、文学賞受賞作品は一文が短いものが好まれるということだと思われる。この研究には、文学賞を受賞しなかった作品はどうなのかという疑問があるが、一方で、短い文が好まれるようになってきたことを具体的な数値をもとに明らかにしたという点に意義があると考えられる。

4 ▶▶　解答例
⓳～㉓略　㉔論文の冒頭部分　㉕略

これで、「先行研究について」はおしまいです。当然、分野によって書き方が異なる場合もあると思います。その場合は、「スロット型教材とはここが違う」というように、スロット型教材を出発点として、相違点を明確にしていくと、理解しやすいと思います。

第3部 Japanese Expression 27

調査の概要

STEP 1　1 ▶▶ 解答例
- 何のために調査するのか、はっきりと書いてある（「面白い漫才のコツを調べるため」とある）。
- 調査対象（あるいは調査資料）についての説明がある（「M-1グランプリ」の説明がある）。
- 調査対象（あるいは調査資料）を選んだ理由が書いてある。
- 調査手順が箇条書きで見やすい。

STEP 2　2 ▶▶ 解答例
❶「論文の冒頭部分における文の長さと、分かりやすさの関係」
❷論文の冒頭部分
❸論文サンプルAと論文サンプルB
❹❺解答例なし。
❻クラスメイト5名に論文サンプルAと論文サンプルBを読んでもらい、どちらの文章が分かりやすいかを決めてもらった。
❼論文サンプルAと論文サンプルBについて、それぞれ、一文に何文字あるかを数えて、一文当たりの平均文字数を計算し、平均文字数の多い方はどちらなのかを明らかにした。
❽文字数を数える際に、章のタイトルは、数える対象としていない。また、丸括弧、カギ括弧等は、全て1文字として数えた。句点（。）があれば、一文が終わったと判断した。
❾「論文の冒頭部分における文の長さと、分かりやすさの関係（一文の文字数が少ないと、分かりやすいのか、そうでないのか）」

　「調査の概要」で重要な点は、調査手順を箇条書きで書く際に、「第三者が、同じ調査を再現できる」ように書くことです。「10年後の自分が同じ調査を再現できる」くらいの詳しさと分かりやすさが、ちょうどよいでしょう[*1]。

　なお、アンケート調査をした場合には、「いつ」「どのような人に」「何人くらい」「どのような方法で」等を書くとよいでしょう。また、調査に用いたアンケート用紙は、

[*1]　「調査の概要」の書き方について、より詳しく知りたい人は、酒井2006を参照してください。

添付するようにしてください。

　参考までに、アンケート調査をした場合の「調査の概要」の一例を示しておきます。

「調査の概要」の例(アンケートをとった場合)

> 3.　調査の概要
>
> 　この章では調査の概要について述べる。既に、前章でみた通り、管見の限り、「朝ご飯を食べない人は、一日の最後の食事を、'夜ご飯(よるごはん)'と言いやすいのか」については、まだ明確にはなっていないようである。そこで、朝ご飯の摂食(食べているか否か)と、「夜ご飯」という言葉の許容について考えるために、実際に、大学生を対象に実態を調査した。
> 　具体的には、次のようなアンケート調査を行った。
>
> ①調査日時と場所：2010年6月7日(月)の1時限(9:00～10:30)、三崎女子大学本館411 全学共通科目「国語学概論a」(担当：××)の授業において調査を実施した。
> ②調査対象と人数：三崎女子大学の1年生　156人(文学部97人、家政学部59人)。食事の言葉に関する授業は、まだ行っておらず、調査対象の学生は、全員、調査に関する先入観や予備知識をもっていない状態だと考えられる。
> ③調査方法：まず、「基本的に朝ご飯を食べる」「基本的に朝ご飯を食べない」「朝ご飯を食べるかどうかは決まっていない」の三グループに分かれてもらった。その後、それぞれのグループで、一日の最後の食事を「夜ご飯」と言うかどうかについて、「1　全く許容できない」から「6　問題無く許容できる」の6段階の中から選んでもらった。(……以下、調査したことを書いていきます。……)
> ④アンケートについて：無記名のアンケートである。参考までに、調査に用いたアンケート用紙を添付する。
> ⑤統計処理：各グループ毎に平均をだし、最初に、分散分析を行った。(以下略)
>
> 　次章では、調査結果について述べ、考察を行う。

　分野や大学によっては、「個人情報保護への配慮」について書く必要があります(当然、「個人情報保護への配慮」をレポートに書かない場合でも、アンケート調査の際には、個人情報の保護に十分な配慮が必要です)。また、調査結果に影響してきますので、「調査前にどのような説明をしたか」を示すべきだという考えもあります。この辺りのことは、各自、それぞれの事情を確認してレポートを書くようにしてください。

28 調査結果と考察

Japanese Expression 第3部 P89-92

STEP 1　1 ▶▶ 解答例

次に調査結果について述べる。調査対象の学生10人をそれぞれ、学生A〜Jとして、基礎英語のテスト（以下、単に、英語とする）と中国語Ⅰ（文法の基礎）のテスト（以下、単に中国語とする）の得点を表にして示すと以下のようになる。なお、テストは、英語・中国語ともに100点満点である。

表1　各学生の英語の得点と中国語の得点

学生	A	B	C	D	E	F	G	H	I	J
英語の得点	80	75	70	90	89	78	87	71	79	91
中国語の得点	90	60	60	85	76	86	86	68	68	85

次に、英語の得点と中国語の得点の相関を見るために、散布図を示す。

図1　英語の得点と中国語の得点の関係

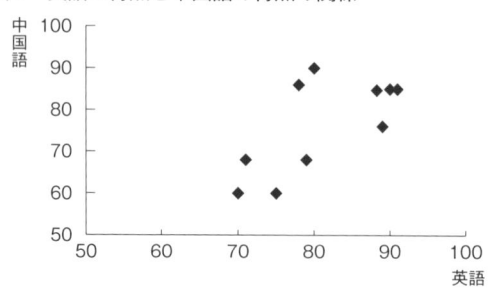

概ね、右上がりになっており、相関が見られると考えてよいだろう。

この解答例は、あくまでも一例であり、この通りでなくても構いません（散布図はなくてもよいと思います）。ここでおさえておきたいことは、「調査結果を示す際には、適切な表や図にした方がよい」ということです。

レポートでよく使うグラフの特徴についてPointにまとめておきます。

Point 1　レポートに使う表・グラフ
☐　表やグラフの特徴を知って使う。
　　・データの内訳を示したい→円グラフ、帯グラフ等
　　・時間の経過によって、どのように数値が変わるかを示したい→折れ線グラフ
　　・各項目のバランスを示したい→レーダーチャート
　　・二つのデータの関係を示したい→散布図
☐　表やグラフには、番号とタイトルを付ける。

表やグラフを用いる際には、「表1　各学生の英語の得点と中国語の得点」のように、番号とタイトルを、必ず、付けるようにしてください。

Step 2　2 ▶▶ 解答例

❶「クラスメイト5名に論文サンプルAと論文サンプルBを読んでもらい、どちらの文章が分かりやすいか決めてもらう」
❷A　❸A　❹A　❺B　❻A　❼4　❽1　❾論文サンプルA　❿表2　各サンプルの一文の長さ（文字数の平均）　⓫⓬※計算した結果を書いてください。
⓭論文サンプルA

❷～❾は、各自、クラスメイトに聞いた結果を書いてください。参考までに一例を灰色の字で示します。答えは、この通りでなくても一向に構いません。

Step 3　3 ▶▶ 解答例

⓮「論文の冒頭部分における文の長さと、分かりやすさの関係」
⓯論文の冒頭に関しては、一文の短い方が分かりやすい
⓰「一文の短い方が、文の構造（文の組み立て方）が簡単であり、読み手が文の意味を把握しやすいのではないか」
⓱「論文の冒頭以外でも同様のことが言えるか」「調査した人数や調査した論文の数が少なかったのではないか」
⓲論文の冒頭以外の調査や、より多くの人に複数の論文を読んでもらう等の調査をする必要があると思われる。また、考察部分に関しては、文の長さと、文の構造（文の組み立て方）の関係を調べる

⓯～⓲は、各自、考えたことを書いてください。参考までに一例を示します。

第3部 29 結論と今後の課題

STEP 1

1 ▶▶ 解答例

〈結論の例1〉の問題点：当初の目的は、「コンビニの店員は、本当に'千円からお預かりします'のように'から'を使っているのか」ということである。よって、「笑顔で対応」云々は、当初の目的から外れた結論を述べていることになる。

〈結論の例2〉の問題点：コンビニのマニュアルについて調査したわけではないので、調査範囲をこえて結論を出していることになる。このような結論を出すには、新たな調査（コンビニのマニュアルの調査）が必要だろう。

　結論を書く際に注意するべきことが2つあります。1つは、「当初の目的と対応させる形で結論を書くこと」です。当初の目的と対応しない結論を書いているレポートは、意外と多いので気をつけましょう。もう1つは、「調査範囲をこえて結論を出さない（新たな議論を展開しない）」ということです。レポートの最後で気分が盛り上がっているためか、結論部分で新たな議論を展開し始める人が多いのですが、それは、今後の課題で述べましょう。

POINT 1　よい「結論」を書くために
- ☐ 目的と対応させて結論を書く。
- ☐ 調査範囲をこえて結論を出さない。

STEP 2

2 ▶▶ 解答例

❶「論文の冒頭に関しては、一文が短い方が分かりやすく、おそらくこれには、文の構造（文の組み立て方）の問題が関与しているのではないか」
❷「論文の冒頭部分における文の長さと、分かりやすさの関係」
❸「論文サンプルAと論文サンプルBの分かりやすさを比べ、その後、一文あたりの文字数を数える」
❹「論文の冒頭に関しては、一文が短い方が分かりやすい」
❺「一文の短い方が、文の構造（文の組み立て方）が簡単なのではないか」
❻今回調査した限りでは、論文の冒頭に関しては、一文の短い方が分かりやすいと言える。その理由として、「一文の短い方が、文の構造（文の組み立て方）が簡単であり、読み手が文の意味を把握しやすい」ということが考えられる。

❶❹❺❻は、個人によって解答が異なるはずです（一例として灰色で示します）。

STEP 3

3 ▶▶ 解答例
〈「今後の課題」例1〉の問題点：「美しい日本語を次の世代に伝えていくこと」は、具体的な調査課題とは言えない。
〈「今後の課題」例2〉の問題点：たとえ研究を続けることがなくても、今後の課題を書く必要がある。

　今後の課題を書く意味は概ね次の2つです。まず1つ目は、「自分のレポートの不十分なところ（あるいは弱点）をちゃんとおさえている、ということを読み手に示すため」です。自分のレポートではここが弱い、だからこのような調査が必要である、ということを具体的に示すことが望まれます。2つ目は、意外と知られていないのですが、「自分の調査の位置付けを行うため」です。大きな視点から見た場合、今回の調査はどこに位置付けられるのか、あるいは、どのような研究に繋がっていくのかを、今後の課題で示すことが望ましいわけです（難しくはありますが、自分のレポートがどこに繋がるのかを考えるのは、とても大切なことです）。今後研究を続ける予定がなくても、今後の課題を書く必要があるのは、これら2つの理由によります。

STEP 4

4 ▶▶ 解答例
❼「論文の冒頭以外でも同様のことが言えるのではないか」
❽「調査人数や調査した論文の数が少ない」
❾「論文の冒頭以外の部分」
❿「より多くの人に複数の論文を読んでもらう」
⓫「文の長さと、文の構造（文の組み立て方）の関係を調べる」
⓬ 分かりやすい論文とは何か

❼〜⓬は、個人によって解答が異なるはずです（一例として灰色で示します）。

第3部 30

そして「はじめに」へ

STEP 1　1 ▶▶ 解答例

❶「文の長さと、分かりやすさの関係」

❷私の書くレポートの文章は、分かりにくいと、よく人に言われるのだが、「文の長さと、分かりやすさの関係」の講義を受けた時に、このようなことを突き詰めていけば、私も分かりやすい文章でレポートや論文を書けるようになるのではないかと思った

❸「論文の冒頭部分における文の長さと、分かりやすさの関係」

❹「2本の論文の冒頭部分を読んでもらい、どちらの方が分かりやすいのかというアンケート調査をした後、各論文における一文の平均文字数を明らかにする」

❺「論文の冒頭部分における文の長さと、分かりやすさの関係」について調査と考察を行い、両者の関係を明らかにする。

❻分かりやすい論文とは何かに繋がる調査

❼今回調査した限りでは、論文の冒頭に関しては、一文の短い方が分かりやすいと言える。その理由として、「一文の短い方が、文の構造（文の組み立て方）が簡単であり、読み手が意味を把握しやすい」ということが考えられる。

❽先行研究

❾調査の概要

❿一文の短い方が分かりやすい

⓫一文の短い方が、文の構造（文の組み立て方）が簡単なのではないか

　❷❿⓫は、個人によって解答が異なる場合があるはずです（一例として灰色で示します）。

　最初に「結論」や「レポートの構成」等が示されていると、読みやすいレポートになります。このため、繰り返しになりますが、「はじめに」に相当する部分は、一番最後に書く方がよいわけです。

STEP 2　2 ▶▶ 解答例

1. 研究の目的と意義、及び結論 ―〈例〉論文冒頭の文の長さと、分かりやすさの関係 ―
2. 先行研究について ―「文の長さと、分かりやすさの関係」に関する研究 ―

2．1．　山口玲奈1967について ─〈例〉高学年の教科書ほど文が長くなる ─
　　2．2．　佐藤彩香1989について ─ 文学賞受賞作品の一文は短くなっている ─
　　2．3．　杉藤沙織2005について ─ 詫び状の一文は長い ─
　　2．4．　吉沢数子2010について ─ 新聞投稿欄の採用の可否と文の長さは無関係 ─
　　2．5．　先行研究のまとめ ─ 論文冒頭の文の長さに関する調査はない ─
　3．　調査の概要 ─ 論文の冒頭部分を読んでもらう ─
　4．　調査結果と考察 ─ 一文の短い方が分かりやすい ─
　　4．1．　調査結果
　　4．2．　考察
　5．　結論と今後の課題

「4．1．　調査結果」や「4．2．　考察」にサブタイトルがあってもよいと思います。

STEP 3　3 ▶▶　解答例
論文冒頭は短い方が分かりやすいか ─ 2つのサンプルの比較から ─

分野によってタイトルの付け方も異なるので、この点は、十分に留意してください。

参考文献

日本語表現関係の本は数多く出版されていますが、ここでは、本書を執筆するにあたり参考にしたものを中心に示します。

石黒圭	2008	『文章は接続詞で決まる』（光文社）
伊藤静香	2008	「「千円からお預かりします」と店員は本当に言っているのか―コンビニ六十店舗とファミレス三十店舗で千円札を出した結果―」（卒業論文、実践女子大学）
伊藤民雄	2010	『インターネットで文献探索』（日本図書館協会）
岩淵悦太郎	1979	『第3版　悪文』（日本評論社）
小笠原喜康	2009	『新版　大学生のためのレポート・論文術』（講談社）
樺島忠夫	1953	「文の長さについて―條件との相関の分析―」（『國語學』15、国語学会）
神田秀夫他校注・訳	1995	『新編　日本古典文学全集　44』（小学館）
菊地康人	1997	『敬語』（講談社）
国語学会編	1980	『国語学大辞典』（東京堂出版）
国立国語研究所編	2008	『私たちと敬語（新「ことば」シリーズ　21）』（ぎょうせい）
酒井邦秀	2002	『快読100万語！ペーパーバックへの道』（筑摩書房）
酒井聡樹	2006	『これから論文を書く若者のために　大改訂増補版』（共立出版）
三省堂編修所	1998	『新明解四字熟語辞典』（三省堂）
三省堂編修所	1999	『故事ことわざ・慣用句辞典』（三省堂）
三省堂編修所	2007	『すぐに役立つ　日本語活用ブック』（三省堂）
ゼックミスタ・ジョンソン	1996	『クリティカルシンキング　入門篇』（宮元博章他訳、北大路書房）
中川越	2005	『こまったときの手紙・はがき・文書の書き方』（ナツメ社）
中川花織	2009	「M-1グランプリにおける勝者・敗者の漫才の違い―勝ち組には共通点があった―」（卒業論文, 実践女子大学）
永野賢	1968	「文の長さ（1）」（『国文学　解釈と鑑賞』33-6、至文堂）
野田尚史・森口稔	2003	『日本語を書くトレーニング』（ひつじ書房）
野田尚史・森口稔	2004	『日本語を話すトレーニング』（ひつじ書房）
浜田麻里・平尾得子・由井紀久子	1997	『大学生と留学生のための論文ワークブック』（くろしお出版）
福嶋健伸	2007	「日本留学試験の記述問題について―教育現場から「評価」の妥当性を問い直す―」（『2007年度日本語教育学会春季大会予稿集』）
藤田節子	2009	『レポート・論文作成のための引用・参考文献の書き方』（日外アソシエーツ）
森岡健二	1952	「「読みやすさ」の基礎的研究」（『昭和26年度　国立国語研究所年報』3、国立国語研究所）
森岡健二	1953	「読みやすさの基礎調査」（『昭和27年度　国立国語研究所年報』4、国立国語研究所）
山内博之	2008	『誰よりもキミが好き！　日本語力を磨く二義文クイズ』（アルク）

編著者紹介

安部朋世 （あべ　ともよ）
千葉大学　教育学部 教授
分担：1章、2章、5章、9章、10章、11章、13章、16章、22章、24章、シート付録1、2

福嶋健伸 （ふくしま　たけのぶ）
実践女子大学　文学部 教授
分担：18章、19章、20章、21章、25章、26章、27章、28章、29章、30章、シート資料、シート付録3

橋本　修 （はしもと　おさむ）
筑波大学　人文社会系 教授
分担：3章、4章、6章、7章、8章、12章、14章、15章、17章、23章

企　画：橋本　修
編集協力：(株) 翔文社

大学生のための日本語表現トレーニング　ドリル編

2010年9月10日　第1刷発行	編著者：安部朋世、福嶋健伸、橋本　修
2025年3月10日　第17刷発行	発行者：株式会社三省堂　代表者　瀧本多加志
	印刷者：三省堂印刷株式会社
	発行所：株式会社三省堂

〒102-8371
東京都千代田区麹町五丁目7番地2
電話　(03)3230-9411
https://www.sanseido.co.jp/

落丁本・乱丁本はお取り替えいたします。

©Sanseido.Co.,Ltd.2010
Printed in Japan
ISBN978-4-385-36327-1

〈日本語トレーニング　ドリル編・64+112pp.〉

本書の内容に関するお問い合わせは、弊社ホームページの「お問い合わせ」フォーム (https://www.sanseido.co.jp/support/) にて承ります。

本書を無断で複写複製することは、著作権法上の例外を除き、禁じられています。また、本書を請負業者等の第三者に依頼してスキャン等によってデジタル化することは、たとえ個人や家庭内での利用であっても一切認められておりません。

所属 ＿＿＿＿＿＿＿＿＿＿＿＿＿＿＿＿＿＿＿　＿＿年＿＿月＿＿日
番号 ＿＿＿＿＿＿　氏名 ＿＿＿＿＿＿＿＿＿＿

Japanese Expression 第1部

1　P4-5

| ドリル編　第1章 | アカデミックワードと日常語 |

　レポートや論文のような学術的な文章を書くときに、携帯電話でのメールのような言葉遣いをしてしまうと、内容がよくても、レポートや論文らしくない文章だと判断されてしまいます。また、レポートや論文には、普段文章を書くときにはあまり使わないような、レポート・論文特有の表現（アカデミックワード）があります。本章では、アカデミックワードと日常語の違いについて学びます。

STEP 1

1 ▶▶　次の各文には、話し言葉的な表現や、携帯電話での友人同士のメールで用いられるような表現が含まれています。レポート・論文にふさわしい文に書き直してください。

❶　1990年のデータだけで結論を出すべきじゃないよ。
＿＿＿

❷　今回は大学生30名にアンケートをとったけど、年代差を見るためには、中学生とか高校生にもアンケートをとらなきゃね。
＿＿＿
＿＿＿

❸　調査では、猫より犬の数がどんどん増えてるってことが分かった。
＿＿＿

❹　三省大学の調査結果では、チャリンコか原チャリかのどっちかに乗ってる大学生の割合が72.5％だった☆
＿＿＿
＿＿＿

❺　『日本永代蔵』は貞享5年に刊行された！　なので、江戸時代の作品とゆうことになる。
＿＿＿

❻　これは、めっちゃ難しい問題・・・（涙）。
＿＿＿

所属 _____　　　____年____月____日

番号 _____　氏名 _____

Japanese Expression 第1部

1　📖 P4-5

| ドリル編　第1章 | アカデミックワードと日常語 |

STEP 2

2 ▶▶　レポートや論文では、他の文章では普通に使われる表現であっても、それらを使わずに、レポートや論文特有の表現（アカデミックワード）を用いることがあります。〈例〉にならって、次ページの❶～❿のそれぞれを、レポートや論文にふさわしい表現に書き直してください。

〈例〉　敬体ではなく常体　　：　問題点は3点あります。　　→　問題点は3点ある。
　　　　体言止めにしない　　：　『雨月物語』を刊行。　　　→　『雨月物語』を刊行した。
　　　　倒置法を使わない　　：　今後検討したい、この問題は。→　この問題は、今後検討したい。
　　　　特有の表現を使う　　：　私は　　　　　　　　　　　→　筆者は・本稿の筆者は
　　　　　　　　　　　　　　　　この論文　　　　　　　　　→　本稿・本論文・小稿・拙稿
　　　　　　　　　　　　　　　　この節／前の節／次の節　　→　本節／前節／次節
　　　　　　　　　　　　　　　　該当する分野　　　　　　　→　当該分野
　　　　　　　　　　　　　　　　これまでに行われた研究　　→　先行研究
　　　　　　　　　　　　　　　　私が知っている限り　　　　→　管見の限り
　　　　　　　　　　　　　　　　～について言う・書く　　　→　～について述べる・論述する
　　　　　　　　　　　　　　　　今まで言ったとおりである　→　前述したとおりである
　　　　　　　　　　　　　　　　～については後で言う　　　→　～については後述する
　　　　　　　　　　　　　　　　実験に協力してくれた人　　→　実験協力者・被験者・インフォーマント
　　　　　　　　　　　　　　　　自由に・適当に　　　　　　→　任意に
　　　　　　　　　　　　　　　　取り出す・抜き出す　　　　→　抽出する
　　　　　　　　　　　　　　　　互いに関係し合っている　　→　相関している
　　　　　　　　　　　　　　　　原因と結果の関係　　　　　→　因果関係

（次のような表現を用いることもあります。）

　　　　漢語にする　　：　つくる　　　　　　　　→　作成する
　　　　　　　　　　　　　帯電性を持つ物質　　　　→　帯電性を有する物質
　　　　その他　　　　：　言い換えれば　　　　　　→　換言すれば・つまり・すなわち
　　　　　　　　　　　　　～を使う　　　　　　　　→　～を用いる
　　　　　　　　　　　　　どんな手段　　　　　　　→　いかなる手段
　　　　　　　　　　　　　桜か桃　　　　　　　　　→　桜　もしくは・または・あるいは　桃
　　　　　　　　　　　　　リンゴとミカン　　　　　→　リンゴおよびミカン
　　　　　　　　　　　　　だから　　　　　　　　　→　従って・そのため・よって
　　　　　　　　　　　　　～かどうか　　　　　　　→　～か否か
　　　　　　　　　　　　　どちらか　　　　　　　　→　いずれか

アカデミックワードと日常語

ドリル編　第1章

___年___月___日
所属_____　氏名_____
番号_____

① ___れてきた研究の問題点は2点。1点目は調査対象が少ないこと、2点目は調査対象に偏りがあることです。

② ___きた、これまで大学生の体力について。

③ ___題についての研究は、私の知る限り行われていない。

④ ___の節では、対象とする作品の概要について言う。なお、比較する作品については後で言う。

⑤ 調査方法については、前の節で言ったとおりである。

⑥ 調査の依頼については、電話かEメールを使った。

⑦ 江戸時代、大阪は多くの商人が活躍する商業都市だった。だから、「天下の台所」と呼ばれた。

⑧ 調査では、各作品から自由に5ページずつ抜き出した。

⑨ 実験では、通気性を持つ素材を使った。

⑩ 実験に協力してくれる人として、九州出身の20代の男性を選んだ。

所属 _____ ___年___月___日

番号 _____ 氏名 _____

ドリル編 第1章　アカデミックワードと日常語

第1部 Japanese Expression
P4-5

STEP 3

3 ▶▶　次の文章を、論文らしい表現に書き直してください。

> 　この節では、先行研究の問題点を指摘します。
> 　これより前の節までで、川山海子の一連の小説についての先行研究として、本田（2002）、沢辺（2004）、原口・横山（2005）、新田（2006）を、それぞれおおざっぱに見た。これらの先行研究は、どれも、小説を細かく分析し、そこから結論を導いていて、小説の解釈としてはまあまあ評価があげられるものです。だけど、同じく川山海子の作品である詩と比較した先行研究は、見あたらない（私が知る範囲ではだけど）。だから、この論文では、小説と詩の比較を行うことで、この問題を考えていきます。比較の方法については次の章で。

※レポートや論文では、「本田(2002)、沢辺(2004)、原口・横山(2005)、新田(2006)」のように、論文の筆者名と論文の発表年を組み合わせて示すことがあります。
　ただし、この文章の内容は、作品名等も含め全て架空のものです。

所属 ＿＿＿＿＿＿＿＿＿＿＿＿＿＿＿＿＿＿　＿＿＿年＿＿月＿＿日

番号 ＿＿＿＿＿　氏名 ＿＿＿＿＿＿＿＿＿

Japanese Expression
第1部
2
📖 P6-7

| ドリル編　第2章 | 仮名遣い・送り仮名 |

　「仮名遣い」とは、例えば〈「地面」を「じめん」と「ぢめん」のどちらで書くか〉というように、どのような仮名で語を書き表すかについてのきまりを指します。仮名遣いや、また、漢字の送り仮名を正しく書くことは、文章作成の基本です。本章では、仮名遣いと送り仮名について学びます。

STEP 1

1▶▶　次の各文について、仮名遣いが間違っている語句がある場合には、その語句に下線を引き、（　）に正しい表記を書いてください。間違いのない場合は、（　）の中に○を書いてください。

❶　おにいさんとおねいさんが迎えに来てくれた。　　　　　　　　　　　　　　（　　　　　）

❷　「こんにちわ」とあいさつをした。　　　　　　　　　　　　　　　　　　　（　　　　　）

❸　最終的には本人の決断であることはゆうまでもない。　　　　　　　　　　　（　　　　　）

❹　このつづみとつずらは、17世紀前半のものと推定される。　　　　　　　　（　　　　　）

❺　小学生から高校生までの1か月のおこずかいについて、アンケート調査を行った。（　　　　　）

❻　本調査の方法は、次のとうりである。　　　　　　　　　　　　　　　　　　（　　　　　）

❼　その邸宅は、時の権力者の屋敷にしてはこぢんまりとしていた。　　　　　　（　　　　　）

❽　文献にもとずく調査では、以下のような点が明らかになった。　　　　　　　（　　　　　）

❾　やむおえない事情で欠席する。　　　　　　　　　　　　　　　　　　　　　（　　　　　）

❿　演奏会をまじかに控え、練習に余念がない。　　　　　　　　　　　　　　　（　　　　　）

⓫　こずつみを受け取るようことづてをもらった。　　　　　　　　　　　　　　（　　　　　）

⓬　かぶっていた帽子をほうり投げた。　　　　　　　　　　　　　　　　　　　（　　　　　）

⓭　この随筆は、筆者の日常をつずったものである。　　　　　　　　　　　　　（　　　　　）

⓮　会話の録音の後、どうゆうふうに考えて発言したのか、インタビューを行った。（　　　　　）

所属 _____ ____ 年 ____ 月 ____ 日
番号 _____ 氏名 _____

Japanese Expression
第1部

2
P6-7

| ドリル編　第2章 | **仮名遣い・送り仮名** |

STEP 2

2 ▶▶　次の二種類の仮名遣いのうち、正しい表記に○を書いてください。

❶　じめん　　　　　（　　）　　ぢめん　　　　　　（　　）

❷　ずがこうさく　　（　　）　　づがこうさく　　　（　　）

❸　雨も降るは風も吹くは（　　）　雨も降るわ風も吹くわ（　　）

❹　へえ（塀）　　　（　　）　　へい（塀）　　　　（　　）

❺　ていねい（丁寧）（　　）　　ていねえ（丁寧）　（　　）

3 ▶▶　次の各語について、仮名遣いを（　　　）に書いてください。

❶　稲妻　（　　　　　　）　　❷　固唾　（　　　　　　）

❸　杯　　（　　　　　　）　　❹　頷く　（　　　　　　）

❺　訪れる（　　　　　　）　　❻　絆　　（　　　　　　）

STEP 3

4 ▶▶　次の各文について、送り仮名が間違っている語句がある場合には、その語句に下線を引き、（　）に送り仮名を正しく振った表記を書いてください。間違いのない場合は、（　）の中に○を書いてください。

❶　理不尽な仕打ちに民衆はみな憤おった。　　　　　（　　　　　　　　）

❷　潔く非を認める。　　　　　　　　　　　　　　　（　　　　　　　　）

❸　3か月にわたる戦いの末、ようやく城を陥れた。　（　　　　　　　　）

❹　旧友と夜更けまで語らい、楽しく過ごした。　　　（　　　　　　　　）

❺　山田家にとって、たいへん喜しいできごとであった。（　　　　　　　　）

所属 _____ ___年___月___日
番号 _____ 氏名 _____

Japanese Expression

○第1部

2

📖 P6-7

| ドリル編 第2章 | 仮名遣い・送り仮名 |

❻ 事故による汚染が生態系にも影響を及している。　　　　（　　　　　　）

❼ 猿の子どもに柔かい布を与えて観察した。　　　　（　　　　　　）

❽ 先ずれば人を制す。　　　　（　　　　　　）

❾ 薬品を与えたネズミと与えないネズミについて、それぞれの動ごきを比較した。（　　　　　　）

❿ 集まった人々に惜げもなく食べ物を分け与えた。　　　　（　　　　　　）

⓫ この町は、この周辺で最とも古くから栄えた町である。　　　　（　　　　　　）

⓬ 古来より、人々は何とかして若返えりたいと、その方法を求めてきた。（　　　　　　）

⓭ 目印しを付ける。　　　　（　　　　　　）

⓮ 銀行の頭取りが訪ねてきた。　　　　（　　　　　　）

⓯ 岡山は備前焼が有名である。　　　　（　　　　　　）

⓰ 学校に着くまでに踏切りを2回渡る。　　　　（　　　　　　）

⓱ 奥書きによると、平安時代に書かれたものであることが分かる。（　　　　　　）

STEP 4

5▶▶ 次の各文について、送り仮名が間違っている語句がある場合には、その語句に下線を引き、（　）に送り仮名を正しく振った表記を書いてください。間違いのない場合は、（　）の中に○を書いてください。

❶ 成長が著い。　　　　（　　　　　　）

❷ 実験の結果、試薬Bの方が反応を遅らせることが明らかになった。（　　　　　　）

❸ 珊瑚礁に魚が群っている。　　　　（　　　　　　）

❹ この液は少い量で反応が現れる。　　　　（　　　　　　）

第1部 2

Japanese Expression

P6-7

| ドリル編　第2章 | 仮名遣い・送り仮名 |

❺　辺りを窺う。　　　　　　　　　　　　（　　　　　　　　）

❻　問題点を三つ挙げる。　　　　　　　　（　　　　　　　　）

❼　隣の町まで買い物に行く。　　　　　　（　　　　　　　　）

❽　明くる日、叔母が訪ねてきた。　　　　（　　　　　　　　）

❾　原因は恐らく金属疲労にあると考えられる。（　　　　　　　　）

STEP 5

6 ▶▶　次の文章には、仮名遣いや送り仮名の誤りがあります。誤りの語句に下線を引き、下に正しい表記を書いてください。

> 川山海子の『わこうどへ』から、問題となる箇所を以下に引用する。
>
> 　平太たちは、朝早くから日が暮れるまで、汗みづくで働らいた。さしづめ、馬車馬のようであった。
>
> 　彼らがそのような働らきをしたのも、村を牛耳る鉄井家から独立したいがためであった。
>
> 　平太は、鉄井家にかしづき、ぬかずく村人たちに我慢ができなかった。鉄井家の当主銅之助が、黒づくめの衣装で馬に乗り、おうぜいの手下を引連れて、村を練歩く姿を見るたびに、馬をこずいてあばれさせ、あるいわ、腕ずくで馬から落としてやりたい衝動にかられた。願わくは、鉄井家に不幸がおとづれるよう、ひざまづいて祈りをささげそうになることもしばしばであった。
>
> 　しかし、そのような後ろ向きの衝動から逃れ、まっとうに働らく決意をしたのは、村の長老、旅爺の、いまはの際の一言であった。(『わこうどへ』p.53)
>
> この部分は、主人公の平太が、それまでの自暴自棄の生活から改心し、一心不乱に働らき始めるようになる箇所である。それまで、ひそかに心を寄せていた、幼なじみの静に愛想ずかしをされていたが、これ以降ちりじりになった家族をひとりづつ呼び寄せ、静とも再たび心を寄せ合うようになる。…略…

※ この文章にある作家や小説は架空のものです。

所属 _____ ___年___月___日
番号 _____ 氏名 _____

Japanese Expression 第1部

3

P8-9

| ドリル編　第3章 | 句読点 |

　句読点、特に読点の打ち方には厳密な法令上の決まりはありません。しかし、「そこに読点があると格段に分かりやすい」、あるいは「そこに読点がないと分かりにくい」という場合も多くあります。本章で、適切な句読点の打ち方について考え、練習してみましょう。

STEP 1

1▶▶　以下の文を、「A：少なくとも1か所は『、（読点）』を打つべき（打つのが標準的な）文」と、「B：必ずしも『、』が必要ない文」とに分けてください。

　ア　ケガをした斉藤君は中学生です。
　イ　最近の日本は温暖化しており徐々に農業や漁業に影響が出始めている。
　ウ　きのう岩手県の白金島で小さな交通事故が起きた。
　エ　その問題を取り扱うのは第2章である。
　オ　この論文ではエレベーターの安全問題が取り上げられているが調査が十分とは言えない。
　カ　仮名遣い書『下官集』を書いた藤原定家は勅撰集『新古今和歌集』の編者でもある。
　キ　注意すべき点は2つある。
　ク　カイロや湯たんぽで体を温めることの効用は複数の方法で実験的に確認できるらしい。

　A（　　　　　　　　　　　）　　　B（　　　　　　　　　　　）

STEP 2

2▶▶　以下の〈例〉の下線部のように、接続表現のあとに読点を打つと、文章が分かりやすくなる場合が多いと言われます。以下の❶～❸の文章の中から接続表現を探して下線を引き、〈例〉にならって読点を打ってみましょう。

　〈例〉大きな建築物が好きな人たちがいる。<u>たとえば、</u>工場・架橋・ダム・団地などのマニアが一定数いるのである。

❶　日本人は細かいことによく気がつく、礼儀にあつい人たちだと言われる。しかし最近の日本人についても本当にそう言えるのだろうか。

❷　昨日OB会の代表から、寄付の申し出を頂きました。つきましては使い道について話し合いを持ちたいと思います。

❸　同じ内容のことを言うのでも、時間をかけて練った文章の方が説得力があるのは確かである。とはいえいつも十分な時間があるとはかぎらない。ではどのような方針で時間を使えばよいのであろうか。

| 所属 _____ _____ 年 ___ 月 ___ 日
| 番号 _____ 氏名 _____

Japanese Expression 第1部

3 P8-9

> ドリル編　第3章　**句読点**

3 ▶▶　下の〈例〉の下線部のように、長い節のあとに読点を打つと、文章が分かりやすくなる場合が多いと言われます。〈例〉にならって、以下の❶～❸の文章の中から長い節を探して下線を引き、その末尾に読点を打ってみましょう。

〈例〉 <u>ペットショップで売っている</u>生き物の値段は必ずしも高くはないが、その後の世話にかかる時間の負担はとても大きいことが多い。だから、<u>安易な気持ちで生き物を飼い始めると、</u>後悔することになる。

❶　明日学園祭のための打ち合わせが行われますが場所がC102室へと変更になりました。

❷　これらのやり方は経済的にも効率が悪いうえ倫理的・環境的にも若干問題がある。我々がこれらの問題点を解決できれば社会に大きな貢献を果たすことになる。

❸　部活と勉強・研究を両立させようとする場合どうしても時間の使い方に苦労することになる。1日は24時間しかないしそのうち1日あたり6時間ぐらいは睡眠をとらなければならないのである。

STEP 3

4 ▶▶　それぞれのa, b, cの文において、読点の打ち方が適切である（文章の内容が分かりやすい）のはどれでしょうか。適切なものに〇を付けてください。

❶　a　彼の家で小学生時代に飼っていたのは白い、ジュウシマツである。　　　　　　（　　）
　　b　彼の家で小学生時代に飼っていたのは、白いジュウシマツである。　　　　　　（　　）
　　c　彼の、家で小学生時代に飼っていたのは白いジュウシマツである。　　　　　　（　　）

❷　a　部活から帰った洋子は、疲れからすぐにぐっすりと眠り込んでしまった。　　　（　　）
　　b　部活から帰った洋子は疲れからすぐにぐっすりと眠り込んで、しまった。　　　（　　）
　　c　部活から、帰った洋子は疲れからすぐにぐっすりと眠り込んでしまった。　　　（　　）

❸　a　日本ではアメリカのカントリーミュージックは流行しないと言われているが、最近久々に例外が現れそうである。
　　　　　　　　　　　　　　　　　　　　　　　　　　　　　　　　　　　　　　　（　　）
　　b　日本ではアメリカの、カントリーミュージックは流行しないと言われているが最近久々に例外が現れそうである。
　　　　　　　　　　　　　　　　　　　　　　　　　　　　　　　　　　　　　　　（　　）
　　c　日本ではアメリカのカントリーミュージックは流行しないと言われているが最近久々に例外が、現れそうである。
　　　　　　　　　　　　　　　　　　　　　　　　　　　　　　　　　　　　　　　（　　）

ドリル編　第3章　句読点

❹
a　昨日ヘッドホンでCDを聴きながら、夕ご飯を食べていたら祖母に怒られた。（　）
b　昨日ヘッドホンでCDを聴きながら夕ご飯を食べていたら、祖母に怒られた。（　）
c　昨日ヘッドホンでCDを聴きながら夕ご飯を食べていたら祖母に、怒られた。（　）

❺
a　日程を決めるに当たっては主賓の都合をまず聞かないといけない、だろう。（　）
b　日程を決めるに当たっては主賓の都合をまず聞かない、といけないだろう。（　）
c　日程を決めるに当たっては、主賓の都合をまず聞かないといけないだろう。（　）

5▶▶　以下の、下線を引いた文に読点を1つだけ打つとしたら、どこに打つのが適切（内容が分かりやすくなる）でしょうか。適切だと思うところに読点を打ってください。

❶　昨年世界で行われたマラソンで最も参加者が多かったのは11月に行われたニューヨークシティマラソンであった。

❷　先月の中旬ごろ彼は新型のインフルエンザで寝込んでいた。

❸　科学の対象は多岐にわたるため細分化されて扱われるのが普通である。

❹　回収できたアンケート用紙は5223で、サンプル総数はまずまず多いと言える。しかし回答者の年齢が10代後半に大きく偏っているのは問題である。

❺　「図書館を利用する頻度を教えてください。」「はい週に2・3回程度です。」

STEP 4

6▶▶　ここまでのSTEPも参考にしながら、以下の文章が分かりやすくなるように読点を打ってみましょう。

❶　日本に来る留学生からよく聞かれるクレームのひとつに「日本人学生との交流の機会が少ない」ということがある。以前の大学生には時間がたくさんあったが最近は勉強時間やサークル・アルバイト等で非常に多忙である。残念な話であるがはっきりした理由が見つからない限り積極的に留学生と交流しようとする学生は多くない。従って交流するための理由を教員が制度的に無理やり作ってしまうことが増えるのである。

❷　サークルの中での連絡は原則Eメールを使いますが集合場所の急な変更など急ぎの場合には電話連絡を使うことがあります。先週お配りした名簿がそのまま電話連絡網になりますので名簿をなくさないように注意してください。連絡の順番は名簿にも書いてありますが会長から連絡係連絡係から各学年代表各学年代表からそれぞれのメンバーというふうに伝えてください。

Japanese Expression
第1部

3 📖 P8-9

所属 ＿＿＿＿＿＿＿＿＿＿＿＿＿＿＿＿＿＿ ＿＿年＿＿月＿＿日
番号 ＿＿＿＿＿＿＿ 氏名 ＿＿＿＿＿＿＿＿＿＿

ドリル編　第3章　句読点

❸　人は一日どれぐらいの言葉を話しているのだろうか。私は平成15年の7月1日～7月31日の間ボイスレコーダーを身に付け自分が話した全ての言葉を録音してあとで文字にして計ってみた。31日の間に話していた言葉はひらがなに換算すると（小さな「つ」や「よ」なども1文字と数えた）約260万字一日平均8万4000字ぐらい話していたことになる（録音が聞き取れず文字にできなかった部分があるので実際にはもう少したくさん話していたと思われる）。これは多いのか少ないのか比較できる先行研究はないか探してみた。

参考 ▶▶ 区切り記号について

句読点を含めた区切り記号について、主要なものを以下の表に示しました（この表は、昭和21年3月、文部省教科書局調査課国語調査室で作成した「くぎり記号の使ひ方」を参考にしています）。

●縦書き・横書きに用いるもの

記号	名称	用例
。	句点 マル	月が出た。
、	読点 テン	あっ、猫だ。
・	ナカテン ナカグロ	仙台・盛岡・青森の各市街地
「 」	カギ カギカッコ	「おはよう」と声をかけた。
（ ）	カッコ	利用者が増えている（表2）。
『 』	フタエカギ 二重カギ	石井さんは「お母さんに『やめなさい』と止められた」と答えた。
？	疑問符	本当だろうか？
！	感嘆符	彼は見ていたのだ！
──	ナカセン	しかし、──いや、反論は意味がない。

●主として横書きに用いるもの

記号	名称	用例
．	ピリオド	築地2丁目のNo.1の倉庫
，	コンマ	35,000円
：	コロン	『大辞林』東京：三省堂

ドリル編 第4章　四字熟語・ことわざ・慣用句

第1部　4　P10-11

　四字熟語・ことわざ・慣用句等は、狭義の論文やレポートには頻出しないのですが、一般的な論説文・文学的文章を読んだり書いたりするためには必須の知識です。以下の設問に解答し、自分の知識を確認しましょう（なお、設問中には四字熟語だけでなく、三字熟語の設問もあります）。

STEP 1

1 ▶▶ 次の四字熟語について、□□にあてはまるものとして適切なものを、ア〜エの中から選んで記号を答えなさい。

❶ □□自在	ア 最高	イ 自由	ウ 色即	エ 判然	（　）
❷ 因果□□	ア 点々	イ 枢要	ウ 流転	エ 応報	（　）
❸ □□楚歌	ア 紙面	イ 四面	ウ 誌面	エ 市面	（　）
❹ □□困憊	ア 疲労	イ 重々	ウ 窮鼠	エ 意気	（　）
❺ 急転□□	ア 直下	イ 配達	ウ 反転	エ 不在	（　）
❻ □□肉林	ア 豪放	イ 和議	ウ 酒池	オ 復古	（　）
❼ □□一貫	ア 随時	イ 徹頭	ウ 縦横	エ 首尾	（　）
❽ 電光□□	ア 石火	イ 石化	ウ 赤化	エ 雪花	（　）
❾ □□月歩	ア 垂直	イ 臨戦	ウ 空論	エ 日進	（　）
❿ 本末□□	ア 流行	イ 転倒	ウ 往来	エ 汲々	（　）
⓫ 深謀□□	ア 深謝	イ 我慢	ウ 遠慮	エ 粒々	（　）
⓬ □□応変	ア 病状	イ 水質	ウ 転変	エ 臨機	（　）

2 ▶▶ 次の慣用句・ことわざについて、□□にあてはまるものとして適切なものを、ア〜エの中から選んで記号を答えなさい。

❶ 身から出た□	ア かび	イ さび	ウ わら	エ より	（　）
❷ 能ある鷹は□を隠す	ア 翼	イ 指	ウ 爪	エ 瞳	（　）
❸ ケガの□□	ア 巧妙	イ 光明	ウ 功名	エ 高名	（　）
❹ 牛に引かれて□□□参り	ア 善光寺	イ 本能寺	ウ 金閣寺	エ 本願寺	（　）
❺ 枯れ木も山の□□□□	ア よそおい	イ うつろい	ウ たゆたい	エ にぎわい	（　）
❻ 三人寄れば□□の知恵	ア 釈迦	イ 文殊	ウ 名人	エ 得手	（　）
❼ 十日の□六日の菖蒲（あやめ）	ア 菊	イ 梅	ウ 桜	エ 松	（　）
❽ 船頭多くして船□□□□	ア 人を得ず	イ 秋を知る	ウ 底を抜く	エ 山に登る	（　）
❾ 打てば□□	ア 返す	イ 響く	ウ 待つ	エ 届く	（　）
❿ 転ばぬ先の□□	ア こつ	イ つえ	ウ あし	エ ひざ	（　）
⓫ 出る杭（くい）は□□□□	ア 並び得ず	イ 打たれる	ウ 苔むさず	エ 逆らわず	（　）
⓬ 待てば□□の日和（ひより）あり	ア 海路	イ 晴天	ウ 幸運	エ 吉兆	（　）

所属 ＿＿＿＿＿＿＿＿＿＿＿＿＿＿＿＿＿＿＿＿＿ ＿＿年＿＿月＿＿日

番号 ＿＿＿＿＿＿＿＿ 氏名 ＿＿＿＿＿＿＿＿＿＿＿＿＿

Japanese Expression

第1部

4

P10-11

ドリル編　第4章　▶　**四字熟語・ことわざ・慣用句**

Step 2

3 ▶▶ 次の三字熟語・四字熟語の読みを書いてください。

❶ 有頂天　(　　　　)			❷ 雪月花　(　　　　)	
❸ 一大事　(　　　　)			❹ 居丈高　(　　　　)	
❺ 試金石　(　　　　)			❻ 不世出　(　　　　)	
❼ 正念場　(　　　　)			❽ 善後策　(　　　　)	
❾ 真骨頂　(　　　　)			❿ 雰囲気　(　　　　)	
⓫ 一進一退　(　　　　)			⓬ 一挙両得　(　　　　)	
⓭ 風光明媚　(　　　　)			⓮ 猪突猛進　(　　　　)	
⓯ 和気藹々　(　　　　)			⓰ 常住坐臥　(　　　　)	
⓱ 波乱万丈　(　　　　)			⓲ 満身創痍　(　　　　)	
⓳ 未来永劫　(　　　　)			⓴ 言語道断　(　　　　)	

4 ▶▶ 次の三字熟語・四字熟語には誤りがあります。誤っている部分に下線を引き、(　　　)内に正しい形を書いてください。

❶ 間一発（かんいっぱつ）　(　　　)	❷ 生兵砲（なまびょうほう）　(　　　)	❸ 好一点（こういってん）　(　　　)
❹ 断末間（だんまつま）　(　　　)	❺ 門街漢（もんがいかん）　(　　　)	❻ 破天候（はてんこう）　(　　　)
❼ 意味慎重（いみしんちょう）　(　　　)	❽ 五里夢中（ごりむちゅう）　(　　　)	❾ 晴天白日（せいてんはくじつ）　(　　　)
❿ 反信半疑（はんしんはんぎ）　(　　　)	⓫ 大同小違（だいどうしょうい）　(　　　)	⓬ 以信伝心（いしんでんしん）　(　　　)
⓭ 一頭両断（いっとうりょうだん）　(　　　)	⓮ 短刀直入（たんとうちょくにゅう）　(　　　)	⓯ 厚顔無知（こうがんむち）　(　　　)

5 ▶▶ 次の四字熟語の下線部を、(　　　)に漢字で書いてください。

❶ 自業<u>じとく</u>　(　　　)	❷ 一期<u>いちえ</u>　(　　　)	❸ <u>しつじつ</u>剛健　(　　　)
❹ <u>しよう</u>末節　(　　　)	❺ 大器<u>ばんせい</u>　(　　　)	❻ <u>じゅうおう</u>無尽　(　　　)
❼ 和洋<u>せっちゅう</u>　(　　　)	❽ <u>えいこ</u>盛衰　(　　　)	❾ 喜怒<u>あいらく</u>　(　　　)

所属 _____　_____年 ___月 ___日

番号 _____　氏名 _____

Japanese Expression
○第1部
4
P10-11

| ドリル編　第4章 | 四字熟語・ことわざ・慣用句 |

6 ▶▶　次の慣用句・ことわざと同様の（近い）意味を持つものを、ア〜エの中から選んで記号を答えなさい。

❶　虻蜂（あぶはち）取らず
　ア　犬も歩けば棒に当たる　　　　イ　二兎を追う者は一兎をも得ず
　ウ　聞いて極楽見て地獄　　　　　エ　泣きっ面に蜂　　　　　　　　（　　　）

❷　豚に真珠
　ア　釈迦に説法　　　　　　　　　イ　壁に耳
　ウ　故郷に錦　　　　　　　　　　エ　猫に小判　　　　　　　　　　（　　　）

❸　弘法にも筆の誤り
　ア　急いては事をし損じる　　　　イ　医者の不養生
　ウ　鰯の頭も信心から　　　　　　エ　河童の川流れ　　　　　　　　（　　　）

❹　のれんに腕押し
　ア　地獄に仏　　　　　　　　　　イ　糠に釘
　ウ　瓢箪から駒　　　　　　　　　エ　寝耳に水　　　　　　　　　　（　　　）

STEP 3

7 ▶▶　次の三字熟語・四字熟語を漢字で（　　　　　）に書き、それが表す意味として適切なものをア〜エの中から選んで記号を答えなさい。

❶　ふにょい　（　　　　　　　　）
　ア　長い時間待たされてあせっていること　　イ　うまく行っておらず状況が苦しいこと
　ウ　束縛されずに自由に動き回っていること　エ　状況が変化せず安定していること　（　　　）

❷　いきとうごう　（　　　　　　　　）
　ア　一度に多くの問題などが解決すること　　イ　活気や元気があること
　ウ　意見や考えが合うこと　　　　　　　　　エ　集中力がよく続いていること　　　（　　　）

❸　ぜんだいみもん　（　　　　　　　　）
　ア　非常に珍しいこと　　　　　　　　　　　イ　非常によろこばしいこと
　ウ　非常にやっかいなこと　　　　　　　　　エ　非常につまらないこと　　　　　　（　　　）

❹　じゅんぷうまんぱん　（　　　　　　　　）
　ア　ものごとがうまく進んでいること　　　　イ　ものごとをよく知っていること
　ウ　ものごとが分かりやすいこと　　　　　　エ　ものごとを慎重に検討すること　　（　　　）

ドリル編 第4章　四字熟語・ことわざ・慣用句

8 ▶▶ 下線を引いた慣用句・熟語について、適切な意味を表しているものをア～ウの中から選んで記号を答えなさい。

❶ この件について、彼には同情を禁じ得ない。
　ア　同情してはいけない　　イ　同情する人が少なくない　　ウ　同情しないではいられない　　（　　）

❷ 時宜を得た発言である。
　ア　タイミングのよい　　イ　分かりやすい　　ウ　多くの人に支持されやすい　　（　　）

❸ 造詣の深い人に会いに行く。
　ア　非常に尊敬している　　イ　知識を持っている　　ウ　信仰心のあつい　　（　　）

❹ 太郎の発言に対して、意に介さない態度を取っている。
　ア　気にしない　　イ　同意しない　　ウ　中立の　　（　　）

❺ インフォーマントの出身地については省略に従う。
　ア　省略する　　イ　省略しなければならない　　ウ　省略してもよい　　（　　）

❻ 今回の件については言を俟たない。
　ア　言ってはいけない　　イ　言うまでもない　　ウ　他の人の意見を受け入れない　　（　　）

❼ 「天地無用」という貼り紙
　ア　上下を逆さまにしても構わない　　イ　地面に直接置いてはいけない
　ウ　上下を逆さまにしてはいけない　　（　　）

❽ やぶさかでないという態度
　ア　自信が持てない　　イ　賛成できない　　ウ　やってもよい　　（　　）

❾ これらの点については後考を期したい。
　ア　後世の人にゆだねたい　　イ　後で別に考えたい　　ウ　今後考えを改めたい　　（　　）

❿ 氏名の記載は順不同である。
　ア　他の文献と順番を変えて記している　　イ　特定の基準で並べられていない
　ウ　五十音順ではなくアルファベット順である　　（　　）

⓫ 人口に膾炙した作品である。
　ア　ひとの気持ちをうまく描いている　　イ　時流に迎合している
　ウ　広く親しまれている　　（　　）

所属 ＿＿＿＿＿＿＿＿＿＿＿＿＿＿＿＿＿　＿＿年＿＿月＿＿日

番号 ＿＿＿＿＿＿＿　氏名 ＿＿＿＿＿＿＿＿＿＿＿

Japanese Expression

第1部

5

P12-13

| ドリル編　第5章 | 漢字の使い分け |

日本語には、同音異義語や同訓異字のように、同じ発音でも意味の異なる例が多く見られます。文章を書くときには、それらの違いを踏まえながら、漢字を適切に使用することが大切です。本章では、漢字の使い分けについて学びます。

STEP 1

1 ▶▶ 次の同訓異字について、各文にあてはまる漢字を○で囲んでください。

❶ 実験では、子犬の様子をスクリーンに｛ 写し ／ 映し ｝、被験者に見てもらう方法をとった。

❷ 観察開始から3時間して、タヌキの親子が姿を｛ 現した ／ 著した ／ 表した ｝。

❸ この作家が初めて筆を｛ 取った ／ 撮った ／ 捕った ／ 採った ／ 執った ｝のは10代の頃であり、『めじろの庭と弦楽四重奏』が、最初の作品である。

❹ 審判は、ゴールラインを｛ 超えた ／ 越えた ｝と判断した。

❺ 以下に例を｛ 揚げる ／ 上げる ／ 挙げる ｝。

❻ 薬の｛ 利き目 ／ 効き目 ｝を調べる必要がある。

❼ メタボリック症候群の検査では、胴｛ 回り ／ 周り ｝を計測する。

❽ 真紅の旗の｛ 基 ／ 下 ／ 元 ／ 本 ｝、2万の軍勢が集まった。

❾ 故事来歴を｛ 訪ねる ／ 尋ねる ｝。

❿ この合戦での勝利をきっかけに、勢力を｛ 延ばして ／ 伸ばして ｝いった。

⓫ 川に｛ 添って ／ 沿って ｝調査を行った。

⓬ 会議を経て、次第に混乱が｛ 収まって ／ 納まって ／ 治まって ／ 修まって ｝いった。

⓭ 弟の隠れていた場所は、ちょうど戸の｛ 影 ／ 陰 ｝になっていた。

⓮ 急に方針を｛ 替える ／ 換える ／ 変える ／ 代える ｝。

所属 _____ ____ 年 ___ 月 ___ 日

番号 _____ 氏名 _____

| ドリル編　第5章 | 漢字の使い分け |

Japanese Expression
第1部
5
P12-13

2▶▶　次の同音異義語について、各文にあてはまる漢字を○で囲んでください。

❶ 横浜（2001）と川崎（2005）は、主人公と愛犬ポチとの関係について｜ 対称的 ／ 対象的 ／ 対照的 ｜な論を展開している。

❷ この小説は、贈収賄の嫌疑をかけられた主人公が、警察からの｜ 追究 ／ 追及 ／ 追求 ｜を受けながら、自らにかけられた陰謀を暴いていく話である。

❸ 調査では、大学生｜ 同士 ／ 同志 ｜の会話を合計2時間分録音した。

❹ 2つのテキストの｜ 異同 ／ 移動 ／ 異動 ｜を調査する。

❺ 三省大学の平成22年度の入学者は、関東出身者が40％、関東｜ 意外 ／ 以外 ｜の出身者が60パーセントであった。

❻ 当時の資料には、この事件が起こらなくても、すでに｜ 体制 ／ 体勢 ／ 態勢 ／ 大勢 ｜は決していたという証言がみられる。

❼ 調査では、Aグループに対する調査とBグループに対する調査を｜ 並行 ／ 平行 ／ 平衡 ｜して行った。

❽ 一部の人に富が｜ 遍在 ／ 偏在 ｜する問題が指摘されている。

❾ 判定の｜ 基準 ／ 規準 ｜は以下のとおりとする。

❿ 例文は、1945年～1965年に発表された日本の小説から｜ 収集 ／ 収拾 ｜した。

⓫ アンケートに｜ 解答 ／ 回答 ｜する。

⓬ この調査結果は、本稿の主張を｜ 指示 ／ 支持 ｜するものである。

⓭ 本稿の調査を通して、大学生の生活の｜ 実態 ／ 実体 ｜を明らかにしたい。

⓮ ラットに投与する薬の｜ 容量 ／ 用量 ｜は、次に列挙する。

ドリル編 第5章　漢字の使い分け

STEP 2

3 ▶▶ 次の各文には、漢字の誤りがあります。誤りの部分に下線を引き、（　）に正しく書き直してください。

❶ この問題の促え方には大いに疑問がある。　　　　　　　　　　　　　　　（　　　　　）

❷ 本居宣長の業積は多大なものであるが、以下に主要なものを列挙する。　　　（　　　　　）

❸ 問題点として、会話を行う相手との対人関係を考慮していない点が指適できる。（　　　　　）

❹ 恐慌の年に各地で一揆が起こったのは遇然の一致ではない。　　　　　　　　（　　　　　）

❺ 調査では、概当する被験者を全国から募集した。　　　　　　　　　　　　　（　　　　　）

❻ 国語辞典には造語と記戴されている。　　　　　　　　　　　　　　　　　　（　　　　　）

❼ 目読と音読の違いについて考察したい。　　　　　　　　　　　　　　　　　（　　　　　）

❽ ペットボトルを紛砕し再利用する過程を見学する。　　　　　　　　　　　　（　　　　　）

❾ 観測データを畜積する。　　　　　　　　　　　　　　　　　　　　　　　　（　　　　　）

❿ 勘違いをして気嫌を損ねる。　　　　　　　　　　　　　　　　　　　　　　（　　　　　）

⓫ 試薬を与えると緩漫な動きを見せることが観察された。　　　　　　　　　　（　　　　　）

⓬ 主人公は温好で柔和な性格である。　　　　　　　　　　　　　　　　　　　（　　　　　）

⓭ 甚大な被害を受け、徹退を余儀なくされた。　　　　　　　　　　　　　　　（　　　　　）

⓮ 企業も陶汰されるという仮説を唱えた。　　　　　　　　　　　　　　　　　（　　　　　）

⓯ 物を廃棄せず循還させ再利用する社会を構築する必要がある。　　　　　　　（　　　　　）

⓰ 個有の性質を備える。　　　　　　　　　　　　　　　　　　　　　　　　　（　　　　　）

ドリル編　第5章　漢字の使い分け

4 ▶▶　次の文章を読み、（　）にあてはまる漢字を（　）の下に書いてください。また、漢字の誤りに下線を引き、その下に正しい漢字を書いてください。

　本節では、上山虎三の初期の作品である『気真面目な散索』の内容を紹介し、前節で取り上げた『（すうき）な運命と堪忍袋』との共通点について述べる。

　『気真面目な散索』は、（へいぼん）なサラリーマンである中田良夫が、毎朝ペットの柴犬じろうを連れて、散歩に出かける毎日を、近所の人々の視点で書いた作品である。中田は、どんなに（あくてんこう）であっても、毎朝6時15分から45分までの30分、同じ道を通って散歩をする。時間の正確さは完璧であり、毎朝同じことをくり返す撤底さは、近所の人々を（きょうたん）させるほどである。しかし、ある日、中田が朝6時30分を過ぎても散歩に出ない日があった。そのできごとが、近所の人々を浪狽させ、不安な気持ちにさせていくのである。……

※ この文章にある作家や小説は架空のものです。

所属 ＿＿＿＿＿＿＿＿＿＿＿＿＿＿＿＿＿＿　＿＿年＿＿月＿＿日

番号 ＿＿＿＿＿＿＿＿＿　氏名 ＿＿＿＿＿＿＿＿＿＿＿＿

Japanese Expression
第1部
6
P14-15

| ドリル編　第6章 | 見やすい表記 |

　文章を書く際、切れ続きが分かりやすいように工夫すると、見やすい表記を実現できます。本章では、そのままでは視覚的に分かりにくい表記を、分かりやすくする工夫について学びます。

STEP 1

1 ▶▶　文章の中に、漢字が連続しすぎても、仮名が連続しすぎても分かりにくいと言われます。次の各文には、漢字が連続しすぎたり、仮名が連続しすぎたりして分かりにくい箇所があります。以下のヒントを参考にして、表記に何らかの工夫をし、見やすいように書き直してください。

> ヒント
> （1）　漢字を仮名に、仮名を漢字に変えて、漢字の連続・仮名の連続を少なくする。
> 　　　〈例〉　山又山の秘境　→　山また山の秘境
> 　　　　　　じっとしているよりほかになかった。　→　じっとしているより外になかった。
> （2）　区切り記号を使う。
> 　　　〈例〉　おいしいよという意見　→　「おいしいよ」という意見
> 　　　　　　にんじんなすきゅうりを切ります　→　にんじん、なす、きゅうりを切ります。

❶　その場合勿論経済的問題に発展します。
　→ ＿＿＿＿＿＿＿＿＿＿＿＿＿＿＿＿＿＿＿＿＿＿＿＿＿＿＿＿＿＿＿＿＿＿＿＿＿＿

❷　貨物搬送中交通事故に巻き込まれた。
　→ ＿＿＿＿＿＿＿＿＿＿＿＿＿＿＿＿＿＿＿＿＿＿＿＿＿＿＿＿＿＿＿＿＿＿＿＿＿＿

❸　そのときはそのときで考え直せばよい。
　→ ＿＿＿＿＿＿＿＿＿＿＿＿＿＿＿＿＿＿＿＿＿＿＿＿＿＿＿＿＿＿＿＿＿＿＿＿＿＿

❹　その動物園にうまはいますか。
　→ ＿＿＿＿＿＿＿＿＿＿＿＿＿＿＿＿＿＿＿＿＿＿＿＿＿＿＿＿＿＿＿＿＿＿＿＿＿＿

❺　裁断するさいのゆとりはだいたい2cmです。
　→ ＿＿＿＿＿＿＿＿＿＿＿＿＿＿＿＿＿＿＿＿＿＿＿＿＿＿＿＿＿＿＿＿＿＿＿＿＿＿

❻　ちょっと難しいですねとささやいた。
　→ ＿＿＿＿＿＿＿＿＿＿＿＿＿＿＿＿＿＿＿＿＿＿＿＿＿＿＿＿＿＿＿＿＿＿＿＿＿＿

所属 _____ ___年___月___日

番号 _____ 氏名 _____

Japanese Expression 第1部

6 P14-15

| ドリル編　第6章 | 見やすい表記 |

❼　林さん池田さん前川さんと一緒に買い物に行った。

→ _____

❽　子供たちに人気のある車のトップ3は、パトカー救急車消防車だという。

→ _____

❾　オンザジョブトレーニングとは、実際に仕事をしていく中でのトレーニングのことです。

→ _____

STEP 2

2 ▶▶　ポスターや宛名の表示等では、分かち書きによって切れ続きを示すことにより見やすくなる場合があります。以下の表記を、分かち書きを用いて見やすくしてください。

〈例〉　全国高等学校吹奏楽大会北部地区予選会決勝　→　全国高等学校吹奏楽大会　北部地区予選会　決勝

❶　（学会の会場の表記）
東日本歴史・民俗学会春季発表会第三会場

→ _____

❷　（アンケートの問い合わせ先表示）
問い合わせ先：独立行政法人中国・四国方言研究所第2部門横沢忠夫研究室

→ _____

❸　（箇条書きの例）

日程については以下の通りである。
　1原則、打ち合わせは毎週金曜日の昼休みに行う。
　21の日程で行うことができない場合には、二日前までに会長が打ち合わせの日程を告知する。

※ 示されている固有名詞等は、いずれも架空のものです。

所属 ＿＿＿＿＿＿＿＿＿＿＿＿＿＿＿＿＿＿＿＿＿＿ ＿＿＿ 年 ＿＿ 月 ＿＿ 日
番号 ＿＿＿＿＿＿＿＿ 氏名 ＿＿＿＿＿＿＿＿＿＿＿＿＿＿

Japanese Expression
第1部
7
P16-17

| ドリル編　第7章 | 敬語 |

適切な敬語表現を用いることは、口頭・文章どちらの場面でも必要です。本章では、基本的な敬語の知識・敬語の使い方について練習します。

STEP 1

1 ▶▶ ここでは、尊敬語・謙譲語の課題を行います。尊敬語は、（目上の）相手や尊敬すべき人物について用いる語で、「言う」に対する「おっしゃる」などがこれに当たります。謙譲語は、自分や自分側の人間について用いる語で、「言う」に対する「申し上げる」などがこれに当たります。
　この点を踏まえた上で、〈例〉にならい、目上の相手に話すつもりで、下線の付いた語句を敬語（尊敬語・謙譲語）に直してください。

〈例〉　先生が横浜に<u>来る</u>のを、楽しみに<u>待っています</u>。（　いらっしゃる　）（　お待ちしております／お待ち申し上げています　）

❶　冷めないうちに<u>食べて</u>ください。　　　　　（　　　　　　　　　　）
❷　私がお客様を<u>案内します</u>。　　　　　　　　（　　　　　　　　　　）
❸　先着100名のかたに<u>あげます</u>。　　　　　　（　　　　　　　　　　）
❹　すぐに駅まで迎えに<u>行きます</u>。　　　　　　（　　　　　　　　　　）
❺　展覧会の伊藤様の作品を、昨日<u>見ました</u>。　（　　　　　　　　　　）
❻　わざわざ直接ご連絡を<u>くれたんです</u>ね。　　（　　　　　　　　　　）
❼　私が特に<u>言いたい</u>のはこの点です。　　　　（　　　　　　　　　　）
❽　横田先生は福島県の<u>出身です</u>ね。　　　　　（　　　　　　　　　　）
❾　何時頃に東京に<u>戻りますか</u>。　　　　　　　（　　　　　　　　　　）
❿　お客様を<u>待たせない</u>ように注意してください。（　　　　　　　　　　）
⓫　気になった点は何でも<u>言って</u>ください。　　（　　　　　　　　　　）
⓬　（お客様に対して）<u>決まったら</u>　<u>呼んでください</u>。　（　　　　　　）（　　　　　　）
⓭　<u>出発する</u>時刻を<u>教えてもらえますか</u>。　　（　　　　　　）（　　　　　　）

所属 _____　____ 年 ____ 月 ____ 日

番号 _____　氏名 _____

Japanese Expression
第1部

7 　P16-17

| ドリル編　第7章 | > | **敬語** |

STEP 2

2 ▶▶　以下の❶～⓯について、それぞれ、不適切・不自然な敬語の使い方をしている箇所に下線を引き、適切なものに直してください。解答の記入の仕方は〈例〉を参考にしてください。

〈例〉　私が昨日<u>召し上がった</u>ケーキはモンブランです。
　　　　　　　　　頂いた

❶　先ほどお客様が参りました。

❷　先生が申し上げたことに注意して作業を行いたいと存じます。

❸　先生も存じていらっしゃいましたか？

❹　お客様は306号室でお寝になっています。

❺　お着になっていらっしゃるのは、オーダーメイドですか？

❻　昨日弟が私の家に伺いました。

❼　先生ご自身がご運転なさるらしい。

❽　5月4日の出張をおキャンセルいたしたいのです。

❾　私、先ほどお手紙拝領し、ご覧になったところです。

❿　この前ニュースで見まして、私もご存じでした。

⓫　クレジットカードでもお支払いできます。

⓬　時間はありますので、存分にご歓談してください。

⓭　その制度、先生もご利用になられたんですか。

ドリル編　第7章　敬語

⑭　お客様がご記入頂いた電話番号は、ご自宅のものでしょうか？

⑮　9月1日〜9月15日の間に、当店に伺ってください。

STEP 3

3 ▶▶　〈例〉にならって、以下の文章を、目上の人に丁寧に言う言い方で書き直してください。[　　]はそれぞれの文章の設定です。

> 〈例〉[　閲覧している顧客に対する、webページ上の説明の文章　]
> 　当社のwebサイトを見てくれてありがとう。このサイトは主に、当社が扱っている商品・サービスを紹介している。また、随時求人等の募集もしている。
> 　　　　　　　　　　↓
> 　弊社のwebサイトをご覧下さりありがとうございます。このサイトは主に、弊社が扱っております商品・サービスをご紹介しています。また、随時求人等の募集も行っております。

❶　[　指導教員に論文指導のアポイントメントをお願いする、メールの文章（の一部）　]
　ついては、先生の都合の付く時間に指導をお願いしたい。先生のオフィスアワーは、火曜日の2限と木曜日の昼休みと聞いている。可能であれば、10月11日（火）の2限か、翌週10月18日（火）の同じ時間に面会してもらえないか。以上で問題があれば、これ以外の、都合のよい日時を示してほしい。
　　　　　　　　　　↓

❷　[　OBに、学園祭イベントでの講演を依頼する手紙の中の文章　]
　今度、我々三省大学サークル連合では、「三省大学芸術系サークル連合会30年の歩み」というイベントを行うことになった。ついてはこのイベントで、初代芸術系サークル連合会の会長である○○様に、是非講演をしてもらいたい。創設時の意気込みや、苦労話などをしてもらえると大変うれしい。
　　　　　　　　　　↓

所属＿＿＿＿＿＿＿＿＿＿＿＿＿＿＿＿＿＿＿＿　＿＿年＿＿月＿＿日

番号＿＿＿＿＿＿＿＿＿　氏名＿＿＿＿＿＿＿＿＿＿＿＿＿＿

Japanese Expression
第1部
7
P16-17

> ドリル編　第7章 ▷ **敬語**

❸ ［　アルバイタとして、お客さんからの電話を受ける（担当者不在時の対応）　］
　今、申し訳ないが、担当の平井はいない。午後には戻ってくると思うので、差し支えなければ電話番号を教えてもらえれば、こちらから連絡する。

↓

❹ ［　恩師からEメールでコンサートに招待され、（断りの）返信　］
　今回はコンサートに招待してくれてありがとう。大変ありがたく、光栄に思う。しかし大変残念なことに、その時期はドイツに留学中で、出席できない。本当に申し訳ない。出席するほかの先生やOBOGに宜しく伝えてくれ。当日のコンサートの盛会を祈る。

↓

❺ ［　仕事での、打ち合わせ場所変更のEメール　］
　次回の打ち合わせについて、以前の連絡では「6月2日（月）14時から当社で」となっていたが、当日はサーバー関連の工事のため当社の会議室が使えなくなってしまった。迷惑をかけるが、別会場を手配するので、そちらに集まってほしい。会場が決まったら再度連絡するので、少し待ってもらいたい。

↓

ドリル編　第8章　手紙

本章では、手紙の書き方を学びます。最も基本となる、目上の人に対するフォーマルな手紙を中心に、書式や内容を練習していきましょう。

STEP 1

1 ▶▶　以下の手紙は、「大学生になった山本慎太郎君が高校時代の恩師伊藤健司先生に対して出した、大学入学についての挨拶の手紙（高校在学時のお礼も含む）」です。この手紙中、傍線❶〜❹の部分は、目上の人に出す標準的な手紙としては不適切です。次ページ冒頭に書かれたヒントも参考にして、次ページの空欄に書き直してください。

❶前略　伊藤先生

春たけなわの候、先生にはいかがお過ごしでしょうか。

私、三月まで大辞林高校三年F組でお世話になった山本慎太郎です。伊藤先生には在学中、授業やブラスバンド部で大変お世話になり、ありがとうございました。

受験の結果についてはすでにお知らせしたとおりですが、家族と相談の上、三省大学経済学部に入学することにし、昨日入学式に行ってまいりました。伊藤先生や先輩方から伺っていたとおり、大学の雰囲気は高校とは違い、非常に自由な感じがしましたが、一方で自分から動かないと何もできないところだというような雰囲気が確かにあり、若干緊張もしています。これから徐々に慣れて、新生活を頑張っていこうと思っております。

このように、志望校に入学し、四月から晴れて大学生活を送ることができるのも、伊藤先生や大辞林高校の先生がたや仲間達のおかげです。夏休みには大辞林高校にご挨拶に伺うつもりです。時期が近づきましたらまたご連絡いたしますので、よろしく❷お願い申し上げます。

先生の今後のご活躍に期待いたしております。益々お仕事に精進なさってください。

❸草々

平成〇〇年四月九日

❹山本慎太郎より伊藤健司先生へ

所属 _____ _____年_____月_____日
番号 _____ 氏名 _____

ドリル編 第8章 > 手紙

第1部 Japanese Expression
8 P18-19

ヒント… ❶時候のあいさつを書くような、フォーマルな手紙の場合には、頭語は「前略」は不可。自分から出す手紙であれば「拝啓」、頂いた手紙への返信の場合は「拝復」とするのが普通。
　　また、フォーマルには、相手の氏名は冒頭ではなく、最後の行に書くのが正しいとされる。❹も参照。
❷目上の人に対しては、「期待する」「精進してください」等は失礼とされる。相手の健康を気遣う（願う）ような文言で終わるのが標準。
❸「拝啓」「拝復」に対する結語は、「敬具」。
❹フォーマルな形としては、「自分の氏名を先に、下の方に書く」「次の行の、一番上の方に相手の氏名（敬称付き）を書く」「『…より』」「『…へ』」は書かない」という形が正しいとされる。

---

❶

春たけなわの候、先生にはいかがお過ごしでしょうか。

私、三月まで大辞林高校三年F組でお世話になった山本慎太郎です。伊藤先生には在学中、授業やブラスバンド部で大変お世話になり、ありがとうございました。

受験の結果についてはすでにお知らせしたとおりですが、家族と相談の上、三省大学経済学部に入学することにし、昨日入学式に行ってまいりました。

伊藤先生や先輩方から伺っていたとおり、大学の雰囲気は高校とは違い、非常に自由な感じがしましたが、一方で自分から動かないと何もできないところだというような雰囲気が確かにあり、若干緊張もしています。これから徐々に慣れて、新生活を頑張っていこうと思っております。

このように、志望校に入学し、四月から晴れて大学生活を送ることができるのも、伊藤先生や大辞林高校の先生がたや仲間達のおかげです。夏休みには大辞林高校にご挨拶に伺うつもりです。時期が近づきましたらまたご連絡いたしますので、よろしくお願い申し上げます。

❷

平成○○年四月九日

❸

❹

所属 _____　_____ 年 ___ 月 ___ 日

番号 _____　氏名 _____

Japanese Expression

○ 第1部

8

📖 P18-19

| ドリル編　第8章 | ▶ **手紙** |

STEP 2

2 ▶▶　Step 1を踏まえ、「お世話になった目上の人に手紙を書く」という、あなた自身に即した設定を考え、以下にその手紙の文面を書いてください（適当な設定が思いつかない場合は、Step 1の「山本慎太郎君」をあなたに、「伊藤健司先生」を「あなたの高校（中学校・小学校）の恩師」に置き換えた設定で書いてみてください）。

所属 _____ ___年___月___日
番号 _____ 氏名 _____

| ドリル編　第8章 | ▷ **手紙** |

Japanese Expression
○ 第1部
8   P18-19

STEP 3

3 ▶▶ 以下の設定で出す封書の、封筒おもて面と裏面に、必要なことを記入してください（レイアウトにも注意してください）。
［設定：相手の住所は「〒105-XXXX　東京都港区海側町2-6-1　セントラルマンション501」、氏名は「横川恵子」。自分の住所は「〒221-XXXX　神奈川県横浜市神奈川区西宮町1-5-2　石岡由美」。（自分の住所氏名はあなた自身のものにしても構いません。ただし授業等で提出する場合は、一部を架空のものにする等、個人情報を守るように配慮してください。）］

封筒おもて面

封筒裏面

所属 _____　_____年 ___月 ___日
番号 _____ 氏名 _____

Japanese Expression
第1部
9
📖 P20-21

| ドリル編　第9章 | ▷ Eメール |

大学生になると、友達とのコミュニケーションの手段としてだけでなく、先生等との連絡手段としてメールを使用する機会が増えてきます。本章では、相手に失礼にならないメールの書き方について学びます。

STEP 1

［設定：インフルエンザにかかり、木曜日に病院に行ったところ、1週間大学を欠席するように言われた。来週の月曜日に日本文学演習の授業で発表の予定だが、大学に行けないので、担当の山河太郎先生に携帯メールで連絡をする。］
この設定で、1～4の問いに答えてください。示された条件以外は自由に設定してください。

1 ▶▶ メールの件名はどれがよいですか。最も適切だと考える件名の記号を選び、その理由（選んだもの以外が適切ではない理由）を答えてください。

　ア （無題）　　　イ　お願い　　　ウ　日本文学演習欠席について（日本文学科2年野原花子）
　エ　とうとう例の新型インフルエンザにかかってしまいました（--^--；）

　（　　　）　　理由：_____

2 ▶▶ メールの冒頭はどのようなことを書けばよいですか。最も適切だと考える記号を選び、その理由（選んだもの以外が適切ではない理由）を答えてください。

　ア　こんにちは☺　　　　　　　　　　　イ　山河太郎先生
　　先生、お詫びがありますm(- -)m　　　　日本文学科2年、月曜3限の日本文学演習を履修している、
　　　　　　　　　　　　　　　　　　　　学籍番号09****の野原花子です。

　ウ　インフルエンザにかかったので　　　エ　野原花子です。
　　授業に出られません。ごめんなさい。　突然のメールで申し訳ございません。

　（　　　）　　理由：_____

ヒント…山河先生がメールを受け取ったとき、誰からどのような用件でメールが来たのか、すぐに分かるような件名や書き出しになっているか、考えよう。

所属 ＿＿＿＿＿＿＿＿＿＿＿＿＿＿＿＿＿＿＿＿　＿＿年＿＿月＿＿日

番号 ＿＿＿＿＿＿＿＿＿　氏名 ＿＿＿＿＿＿＿＿＿＿＿＿＿＿

Japanese Expression
第1部
9
P20-21

| ドリル編　第9章 | Eメール |

3 ▶▶　メールの本文はどれがよいですか。最も適切だと考える記号を選び、その理由（選んだもの以外が適切ではない理由）を答えてください。

　ア　来週月曜日〇月〇日の日本文学演習で発表する予定なのですが、インフルエンザにかかってしまい、来週水曜日〇日まで大学を欠席するように言われました。発表ができず申し訳ございません。演習担当分についてどうすればよいか、hana-s**@******.jp までご指示をいただけないでしょうか。何卒よろしくお願い申し上げます。

　イ　インフルエンザにかかってしまい、来週水曜日〇日まで大学を欠席するように言われました。よろしくお願いします。

　ウ　来週月曜日〇月〇日の日本文学演習で発表する予定なのですが、インフルエンザで来週水曜日〇日まで大学を欠席するように言われました。なので、当日休講にしてください。よろしくお願いします。

　エ　来週月曜日〇月〇日の日本文学演習で発表する予定なのですが、インフルエンザにかかってしまい、来週水曜日〇日まで大学を欠席するように言われました。ですので、次の発表者の山田君に連絡をして、先に発表してもらうように、先生から手配をしていただければ幸いです。よろしくお願い申し上げます。

（　　　）　理由：＿＿

4 ▶▶　今までの内容を踏まえ、メールの完成版を作成してください。

　件名：＿＿＿＿＿＿＿＿＿＿＿＿＿＿＿＿＿＿＿＿＿＿＿＿＿＿＿＿＿＿＿＿＿＿

所属 ＿＿＿＿＿＿＿＿＿＿＿＿＿＿＿＿＿＿＿＿＿＿　＿＿年＿＿月＿＿日
番号 ＿＿＿＿＿＿＿　氏名 ＿＿＿＿＿＿＿＿＿＿＿＿

Japanese Expression
第1部
9
P20-21

ドリル編　第9章　Eメール

STEP 2

5 ▶▶　メールでは、宛先のアドレスをTO/CC/BCCのどれにするか適切に選ぶことが大切です。

> TO：　メールを送る相手のメールアドレスを記入します。TOにメールアドレスを入れると、受け取った人全員がそのメールアドレスを見ることができます。
> CC：　参考までに内容を伝えておきたい人のメールアドレスを入れます。（〈例〉仕事でのメールを上司にもCCで送信する。）CCにメールアドレスを入れると、受け取った人全員がそのメールアドレスを見ることができます。
> BCC：　BCCに入れたメールアドレスは、メールを受け取った他の人には公開されません。送信相手同士が知り合いでない複数の相手に一斉にメールを送信するときには、自分のアドレスをTOに入れ、BCCに送信先のアドレスを入れます。

次の❶〜❹について、TO/CC/BCCの使い方が適切な場合は○、適切でない場合は×を、（　）に書いてください。

❶　メールアドレスを変更したので、メールでやりとりのある友達全員のメールアドレスをTOに入れて、変更したことを伝えるメールを送った。　　　　　　　　　　　　　　　　　　　　　　　（　　　）

❷　研究室の先輩から、ゼミの日程変更を同級生に連絡するように頼まれたので、同級生のアドレスをTOに、先輩のアドレスをCCに入れて、メールを送った。　　　　　　　　　　　　　　　　　（　　　）

❸　友達3人と一緒に映画を観に行く日、電車が遅れて待ち合わせ時刻に遅れそうになったので、2人のメールアドレスをTOに、1人のメールアドレスをCCに入れて、遅れることを伝えるメールを送った。　　　（　　　）

❹　年賀状メールを知り合い全員に送るため、自分のメールアドレスをTOに、知り合い全員のメールアドレスをBCCに入れて、メールを送った。　　　　　　　　　　　　　　　　　　　　　　　（　　　）

6 ▶▶　次の各文は、メールを送るときに気をつけるとよいことをまとめたものです。あてはまる語句を次ページのア〜クの中から選んで答えてください。

❶　メールを送るとき、とくに仕事や公の事柄に関して目上の人に送るときには、書いてすぐに送るのではなく、書いた文章を（　　　）から送るとよい。

❷　携帯からPCにメールを送るときには、知らない人からの迷惑メールと間違えられないように、（　　　）と（　　　）を書き忘れないように注意する。

ドリル編　第9章　Eメール

❸　メールにファイルを添付するときは、相手がそのファイルを開けるかどうか、ファイルの（　　　）に注意する。

　ア　推敲して　　　イ　コピーして　　　ウ　件名　　　エ　自分の氏名
　オ　自分の近況　　カ　あいさつ　　　　キ　形式　　　ク　数

STEP 3

7▶▶　今までの内容を踏まえ、次の設定でメールの文章を書いてください。示された条件以外は自由に設定してください。
　　　［設定：インフルエンザにかかってしまい、生命科学概論の試験を受けることができなくなってしまった。どうすればよいか、指示を仰ぐメールを担当の海野一夫先生に携帯メールで送る。］

所属 ＿＿＿＿＿＿＿＿＿＿＿＿＿＿＿＿＿＿＿＿　＿＿＿年＿＿＿月＿＿＿日

番号 ＿＿＿＿＿＿＿＿＿　氏名 ＿＿＿＿＿＿＿＿＿＿＿＿＿＿＿

Japanese Expression
第2部
10
P22-23

ドリル編　第10章　あいまいな文

　読み手に自分の言いたいことを正確に伝えるためには、文の意味が複数に解釈できてしまう「あいまいな文」を書かないことが大切です。本章では、実際にあいまいな文を分析することで、あいまいな文を書かないためのポイントを学びます。

STEP 1

1 ▶▶　次の文は、2通りの意味に解釈できるあいまいな文です。どのような意味にとれるかを考え、〈例〉にならって、一方の意味にしか解釈されない文に書き換えてください（2文以上に書き換えてもかまいません）。

〈例〉　　本調査は、20代の会社員と学生を対象に行ったものである。
　　a　本調査は、20代の会社員と20代の学生を対象に行ったものである。
　　b　本調査は、学生と20代の会社員を対象に行ったものである。

❶ 被験者Aさんは被験者Bさんと同じように回答することを拒否した。

　　a ＿＿＿＿＿＿＿＿＿＿＿＿＿＿＿＿＿＿＿＿＿＿＿＿＿＿＿＿＿＿＿＿＿＿＿＿

　　b ＿＿＿＿＿＿＿＿＿＿＿＿＿＿＿＿＿＿＿＿＿＿＿＿＿＿＿＿＿＿＿＿＿＿＿＿

❷ 今回の調査は5月に延期することが決定された。

　　a ＿＿＿＿＿＿＿＿＿＿＿＿＿＿＿＿＿＿＿＿＿＿＿＿＿＿＿＿＿＿＿＿＿＿＿＿

　　b ＿＿＿＿＿＿＿＿＿＿＿＿＿＿＿＿＿＿＿＿＿＿＿＿＿＿＿＿＿＿＿＿＿＿＿＿

❸ この論文は、10代の若者の消費行動を分析しただけで若年層全体の消費行動を論じているわけではない。

　　a ＿＿＿＿＿＿＿＿＿＿＿＿＿＿＿＿＿＿＿＿＿＿＿＿＿＿＿＿＿＿＿＿＿＿＿＿

　　b ＿＿＿＿＿＿＿＿＿＿＿＿＿＿＿＿＿＿＿＿＿＿＿＿＿＿＿＿＿＿＿＿＿＿＿＿

❹ 被験者Aさんは、コインを全て発見できなかった。

　　a ＿＿＿＿＿＿＿＿＿＿＿＿＿＿＿＿＿＿＿＿＿＿＿＿＿＿＿＿＿＿＿＿＿＿＿＿

　　b ＿＿＿＿＿＿＿＿＿＿＿＿＿＿＿＿＿＿＿＿＿＿＿＿＿＿＿＿＿＿＿＿＿＿＿＿

所属 ＿＿＿＿＿＿＿＿＿＿＿＿＿＿＿＿＿＿＿＿＿＿＿　＿＿年＿＿月＿＿日
番号 ＿＿＿＿＿＿＿＿＿　氏名 ＿＿＿＿＿＿＿＿＿＿＿＿＿＿

Japanese Expression
第2部
10 P22-23

| ドリル編　第10章 | あいまいな文 |

❺ この地方で初めて前方後円墳が発見された。
   a ＿＿＿＿＿＿＿＿＿＿＿＿＿＿＿＿＿＿＿＿＿＿＿＿＿＿＿＿＿＿＿＿＿＿＿＿＿＿＿
   b ＿＿＿＿＿＿＿＿＿＿＿＿＿＿＿＿＿＿＿＿＿＿＿＿＿＿＿＿＿＿＿＿＿＿＿＿＿＿＿

STEP 2

2 ▶▶　次の文も、2通りの意味に解釈できるあいまいな文です。どのような意味にとれるかを考え、一方の意味にしか解釈されない文に書き換えてください（2文以上に書き換えてもかまいません）。

❶ 銅線が曲がらないように本体の管に通した。
   a ＿＿＿＿＿＿＿＿＿＿＿＿＿＿＿＿＿＿＿＿＿＿＿＿＿＿＿＿＿＿＿＿＿＿＿＿＿＿＿
   b ＿＿＿＿＿＿＿＿＿＿＿＿＿＿＿＿＿＿＿＿＿＿＿＿＿＿＿＿＿＿＿＿＿＿＿＿＿＿＿

❷ イタチが好物の動物が金網をくぐり抜けて侵入したらしい。
   a ＿＿＿＿＿＿＿＿＿＿＿＿＿＿＿＿＿＿＿＿＿＿＿＿＿＿＿＿＿＿＿＿＿＿＿＿＿＿＿
   b ＿＿＿＿＿＿＿＿＿＿＿＿＿＿＿＿＿＿＿＿＿＿＿＿＿＿＿＿＿＿＿＿＿＿＿＿＿＿＿

❸ カメラマンは、人々が喜ぶ光景を撮影した。
   a ＿＿＿＿＿＿＿＿＿＿＿＿＿＿＿＿＿＿＿＿＿＿＿＿＿＿＿＿＿＿＿＿＿＿＿＿＿＿＿
   b ＿＿＿＿＿＿＿＿＿＿＿＿＿＿＿＿＿＿＿＿＿＿＿＿＿＿＿＿＿＿＿＿＿＿＿＿＿＿＿

❹ 当時は村に関する様々なことが寺で決められていた。
   a ＿＿＿＿＿＿＿＿＿＿＿＿＿＿＿＿＿＿＿＿＿＿＿＿＿＿＿＿＿＿＿＿＿＿＿＿＿＿＿
   b ＿＿＿＿＿＿＿＿＿＿＿＿＿＿＿＿＿＿＿＿＿＿＿＿＿＿＿＿＿＿＿＿＿＿＿＿＿＿＿

所属 _____　____年 ____月 ____日
番号 _____　氏名 _____

Japanese Expression 第2部

11 P24-25

> ドリル編　第11章　**分かりやすい語順**

　日本語は、「本を太郎に渡す」「太郎に本を渡す」のどちらも不自然ではないように、語順の制約が比較的緩やかだと言われます。しかし、特に文章を書くときには、語順に気をつけていないと、誤解を招いたり、分かりにくくなってしまったりすることがあります。本章では、分かりやすい文章のための語順について学びます。

STEP 1

1▶▶　次の文a・bはア・イのどちらの意味に解釈できるか、答えてください（両方の場合もあります）。

❶　a　多くの高校生と大学生が議論を行っている。　　　　　　　　　　　　　　（　　）
　　b　大学生と多くの高校生が議論を行っている。　　　　　　　　　　　　　　（　　）

　ア　「多くの高校生と多くの大学生」＝「多くの」が「高校生」と「大学生」にかかる解釈
　イ　「多くの高校生」＝「多くの」が「高校生」にかかる解釈

❷　a　本稿が取り上げる課題は、これまで多くの研究者によってかなり研究されている。（　　）
　　b　本稿が取り上げる課題は、これまでかなり多くの研究者によって研究されている。（　　）

　ア　「かなり多くの研究者」＝「かなり」が「多く」にかかる解釈
　イ　「かなりの程度研究されている」＝「かなり」が「研究されている」にかかる解釈

❸　a　非常にインターネット問題を憂慮する人が増加している。　　　　　　　　（　　）
　　b　インターネット問題を憂慮する人が非常に増加している。　　　　　　　　（　　）

　ア　「非常に憂慮する」＝「非常に」が「憂慮する」にかかる解釈
　イ　「非常に増加している」＝「非常に」が「増加している」にかかる解釈

STEP 2

2▶▶　〈例〉にならって、[ ]内の語句を自然な語順に並べかえ、文を作ってください。

❶　〈例〉昔々あるところに一寸法師という男の子が住んでいました。
　　　[　この平野一帯に　　多くの水田が　　昭和30年代　　広がっていた　]

　　_____

❷　〈例〉各地域で繰り広げられる環境破壊を非常に危惧している。
　　　[　心から　　新聞を読んでいない学生が　　憂慮している　　多いという調査結果を　]

所属 ＿＿＿＿＿＿＿＿＿＿＿＿＿＿＿＿＿＿＿　＿＿＿年＿＿月＿＿日

番号 ＿＿＿＿＿＿＿　氏名 ＿＿＿＿＿＿＿＿＿＿＿

Japanese Expression 第2部

11 P24-25

ドリル編　第11章 ▶ **分かりやすい語順**

❸ 〈例〉これまで世界の貧困問題に積極的に取り組んでいたので、A氏のノーベル平和賞受賞は納得をもって迎えられた。
[地球温暖化の問題に　A国の今回の政策の変化は　一貫して消極的な態度を　歓迎された　それまで取っていたので　各国に]

＿＿＿
＿＿＿

❹ 〈例〉意外にも、この地域は日本で一番里芋を消費する地域であった。
[バスを　火災の前に　幸いなことに　離れることができた　乗客は]

＿＿＿

STEP 3

3 ▶▶　次のa・bは、前後の文とのつながりを考えたとき、どちらの方がより自然な語順だと考えられるか、自然だと考える方に○を付け、その理由を説明してください。

❶ (1) (2) (3) のうち、(2) (3) は適切な答えとはなっていない。
　　a　適切な答えは (1) である。　　　　　　　　　　　　　　　　　　　　　（　）
　　b　(1) は適切な答えである。　　　　　　　　　　　　　　　　　　　　　　（　）
　それにもかかわらず、一般的には (2) (3) の方が重要視されているのである。
　理由：

❷ 言語学とは個別の言語の習得を目的とするものではありません。言語の構造や機能について研究する学問です。
　　a　ここで特に重要なのは、言語を客観的に見る視点です。　　　　　　　　　（　）
　　b　言語を客観的に見る視点は、ここで特に重要です。　　　　　　　　　　　（　）
　では、「言語を客観的に見る」とはどのようなことでしょうか。
　理由：

❸ 現代社会においては、オゾン層破壊や氷河の後退など様々な環境破壊が生じている。
　　a　国際的な合意形成がなされないのは、この状況への早急の対策が望まれる中、憂慮すべきことである　（　）
　　b　この状況への早急の対策が望まれる中、国際的な合意形成がなされないのは、憂慮すべきことである。（　）
　理由：

所属 _____ ____年 ____月 ____日
番号 _____ 氏名 _____

Japanese Expression 第2部

12 P26-27

| ドリル編　第12章 | 長い文を分ける |

　長すぎるせいで分かりにくくなっている文は、2つ以上の文に分ける必要があります。分ける際には単に句点を打つだけでなく、接続表現などに工夫が必要になる場合もあります。本章では文を分けて表現する練習をします。

STEP 1

1 ▶▶ 以下の❶～❸は、長すぎて分かりにくくなっている面があります。〈例〉を参考に、文を分けてみてください（いくつに分けるか、接続詞の取捨選択など、正解は1つではありません）。

〈例〉
　あいづちについては、実際の会話やロールプレイ（シミュレーション）などを用い、どのような会話参加者が、どのようなタイミングでどれぐらいあいづちを打つのか等について積極的に研究されてきたが、あいづちを打たないことがどのようにコミュニケーションに支障を来すかについては、ほとんど注目されてこなかったため、本研究ではこの点に着目した実験を行うことにした。

↓

〈解答例1〉
　あいづちについては、実際の会話やロールプレイ（シミュレーション）などを用い、どのような会話参加者が、どのようなタイミングでどれぐらいあいづちを打つのか等について積極的に研究されてきた。しかし、あいづちを打たないことがどのようにコミュニケーションに支障を来すかについては、ほとんど注目されてこなかった。そこで、本研究ではこの点に着目した実験を行うことにした。

ヒント…基本的には、「適切な箇所で文を分割する。」「必要があれば、分割したところに、適切な接続のための語句（接続詞など）を挿入する」という2つの作業になります（ただし、必要に応じ、他の語句に若干の追加・変更を加えても構いません）。

❶　本調査では、作品Aにおいて動詞「喜ぶ」の活用形は連用形のうちの音便形である「喜ん」が一番多く、二番が連用形の非音便形「喜び」であり、本レポートの分析の中心的な対象となる仮定形「喜べ」は、調査した8つの活用形のうち、出現数が最も少なく、20例以上は必要となるところ、わずか4例しか出現していなかったので、十分な分析ができず、調査方法か調査対象を変更する必要が出てきた。

→ _____
_____
_____
_____

| 所属 _____ 年 ___ 月 ___ 日 |
| 番号 _____ 氏名 _____ |

Japanese Expression 第2部

12 P26-27

> ドリル編 第12章 ▶ **長い文を分ける**

❷ ここ10年の環境問題の取り組みについては、もちろん進展はあるものの、対外的に掲げた目標を十分満たしたとは言えず問題を残したので、今後は事業所等産業廃棄物に対する関連法案をさらに整備する必要があるとともに、家庭ゴミ削減に向け、マスコミ等を通じた積極的かつ大規模なキャンペーンを行うべきである。

→ _____

❸ この種のNPO法人に対しては、前年度の申請を審議したのち次の5月頃に国の予算が決まり、各種の事務手続きを経て9月頃から地方自治体経由で運営費が支払われる形をとっていたが、4月から9月までという、活動を行う年度のうち約半分の期間のあいだ、運営費を使用できないというのはかなり問題であったため、来年度から、5月に国の予算が決まった段階で運営費の部分的な先払いを行うこととなり、一定の改善が施された。

→ _____

STEP 2

2 ▶▶ 以下の文も長すぎて分けた方がよい文ですが、ただ分割して接続詞を加えるだけでは不自然になりやすいようです。〈例〉を参考に、追加・変更等、一部改変を加えながら文を分けて文章を完成させてください。

〈例〉
　年齢が上がるほどネコが好きになるかどうかに関連する研究は、管見の限り、横山1911、西村1954、小金沢1956の3つであり、横山1911、西村1954はそれぞれ1回限りの調査で、小金沢1956は調査を行わないタイプの研究であるため、西村1954の被調査者について、さらに1974年以降10年おきに調査を行い、同じ被験者に対する加齢の影響を調べた調査（経年調査）になるように工夫した点が、本研究の、第一の有益な点である。

↓

　年齢が上がるほどネコが好きになるかどうかに関連する研究は、管見の限り、横山1911、西村1954、小金沢1956の3つである。このうち横山1911、西村1954はそれぞれ1回限りの調査で、小金沢1956は調査を行わないタイプの研究である。そこで本研究は、西村1954の被調査者について、さらに1974年以降10年おきに調査を行い、同じ被験者に対する加齢の影響を調べた調査（経年調査）になるように工夫した。この点が、本研究の、第一の有益な点

所属　　　　　　　　　　　　　　　　　　　　　　　　　　　　　年　　　月　　　日

番号　　　　　　　　　　氏名

Japanese Expression
第2部

12　📖 P26-27

| ドリル編　第12章 | 長い文を分ける |

```
　　　　　　　　　　　　　　　　　　　　　　　　　　　　　　　　　
　　である。
```

※「横山1911、西村1954、小金沢1956」は架空の研究です。

❶　作文能力の発達を見る場合、ある程度年齢が上がり小学校就学時程度になってくると、誤った文の出現頻度はかなり落ちるため、誤った文の種類や頻度を見るという調査・分析には限界が生じてくることに気づいたので、就学時の作文を中学年・高学年の児童の作文と比較し、中学年・高学年児童に比べて現れにくい文にはどのようなものがあるか、という観点から分析を行い、「仮定文など、現実世界と一致しないことがらを含む文が極端に少ない」などの結果を得たのが、本レポートの中心的な成果である。

❷　せっかくの豊かな自然や長い歴史にはぐくまれた文化遺産に恵まれながら、我が国の観光政策は、最近までこれらを積極的に観光資源としてとらえ、より魅力あるもの、よりアクセスしやすいものとして育てていこうという姿勢に欠けていました。

STEP 3

3 ▶▶　文の一部が列挙等を含む場合、箇条書きを含む文章に書き換えると分かりやすくなることがあります。〈例〉を参考に、以下の文を、箇条書きを含む文章に書き換えてみてください。

所属 ＿＿＿＿＿＿＿＿＿＿＿＿＿＿＿＿＿＿＿＿　＿＿年＿＿月＿＿日

番号 ＿＿＿＿＿＿＿＿　氏名 ＿＿＿＿＿＿＿＿＿＿＿＿

Japanese Expression
第2部
12　P26-27

| ドリル編　第12章 | **長い文を分ける** |

〈例〉
　コロッケは標準的には、ジャガイモをゆでてつぶし、挽肉や野菜などをみじん切りにして炒めたものを混ぜ、俵型や小判型に整形して、小麦粉をつけ卵液に浸したものにパン粉をつけ油で揚げる、というような手順で作ります。

→　コロッケは標準的には、以下のような手順で作ります。
　1　ジャガイモをゆでてつぶす。
　2　挽肉や野菜などをみじん切りにして炒めたものを1に混ぜる。
　3　2を俵型や小判型に整形して、小麦粉をつけ卵液に浸したものにパン粉をつけて油で揚げる。
（※3の手順を2つに分割するなど、他の書き方もあり得ます。）

❶　今回のアンケート調査を行うに当たっては、インフォーマントに調査の背景となる意図を示さないことが必要で、インフォーマントの男女比が概ね1対1になるようにしなければならず、また、年齢構成も概ね若年層と成人層（活躍層）と老年層がほぼ同数になるようにすることに注意する必要がある。

＿＿＿＿＿＿＿＿＿＿＿＿＿＿＿＿＿＿＿＿＿＿＿＿＿＿＿＿
＿＿＿＿＿＿＿＿＿＿＿＿＿＿＿＿＿＿＿＿＿＿＿＿＿＿＿＿
＿＿＿＿＿＿＿＿＿＿＿＿＿＿＿＿＿＿＿＿＿＿＿＿＿＿＿＿
＿＿＿＿＿＿＿＿＿＿＿＿＿＿＿＿＿＿＿＿＿＿＿＿＿＿＿＿
＿＿＿＿＿＿＿＿＿＿＿＿＿＿＿＿＿＿＿＿＿＿＿＿＿＿＿＿

❷　2年生代表は、幹事の仕事として、メンバーに連絡して出席者の概数をつかみ、会場・日時を決めてメンバーに通知し、会場と打ち合わせをして料理や飲み物のメニューを決め、3年生代表の当日の司会進行を補助し、会費を徴収して最終的に精算してください。

＿＿＿＿＿＿＿＿＿＿＿＿＿＿＿＿＿＿＿＿＿＿＿＿＿＿＿＿
＿＿＿＿＿＿＿＿＿＿＿＿＿＿＿＿＿＿＿＿＿＿＿＿＿＿＿＿
＿＿＿＿＿＿＿＿＿＿＿＿＿＿＿＿＿＿＿＿＿＿＿＿＿＿＿＿
＿＿＿＿＿＿＿＿＿＿＿＿＿＿＿＿＿＿＿＿＿＿＿＿＿＿＿＿
＿＿＿＿＿＿＿＿＿＿＿＿＿＿＿＿＿＿＿＿＿＿＿＿＿＿＿＿

所属 ＿＿＿＿＿＿＿＿＿＿＿＿＿＿＿＿＿＿＿＿＿ ＿＿ 年 ＿＿ 月 ＿＿ 日

番号 ＿＿＿＿＿＿＿＿＿ 氏名 ＿＿＿＿＿＿＿＿＿＿＿＿＿

Japanese Expression
第2部

13 P28-29

ドリル編　第13章　文のねじれ

　文章を書くときに、主語と述語のかかりうけが適切でないような「文のねじれ」を起こしていると、伝えたいことが明確に伝わらなくなります。本章では、適切なかかりうけについて学びます。

STEP 1

1 ▶▶ 次の文は、主語と述語が合っていない「文のねじれ」を起こしている文です。〈例〉を参考にして、主語の部分または述語の部分を適切な形に書き換え、かかりうけの適切な文にしてください。

〈例〉
本研究の課題は、世代間の違いについて取り上げられなかった点が課題である。

→　主語の部分を書き換える　：　本研究では、世代間の違いについて取り上げられなかった点が課題である。
→　述語の部分を書き換える　：　本研究の課題は、世代間の違いについて取り上げられなかった点である。

---

❶　現代社会は、24時間営業の店が増え、またインターネット上でいつでも好きな物が買えるなど、休みなく消費活動が行われている現代である。

＿＿＿

＿＿＿

❷　今回の成果は、6世紀にこの地域を治めていた豪族の墓と見られる古墳が発見された。

＿＿＿

＿＿＿

❸　「大量消費大量廃棄」を是とする考え方は、地球環境が破壊されてしまうのではないか。

＿＿＿

＿＿＿

❹　キリシタン資料として最も重要な文献の一つに、ロドリゲスの『日本文典』がそれである。

＿＿＿

＿＿＿

| 所属 _____ 年 ___ 月 ___ 日
| 番号 _____ 氏名 _____

Japanese Expression 第2部

13 P28-29

ドリル編　第13章　文のねじれ

❺ メールでお願いするのと直接会ってお願いするのとでは、丁寧な気持ちの伝わり方がより大きくなる。

___

STEP 2

2 ▶▶ 次の文は、文中のかかりうけに修正すべき部分のある文です。適切な文に書き換えてください。

❶ アンケート調査では、個人情報を取り扱いに注意する必要がある。

___

❷ 自転車による交通事故の対策として、ライトの点灯やヘルメットをかぶるように指導を行った。

___

❸ 携帯電話を使っているとき、いつでもどこでも友人と繋がっているという錯覚が問題である。

___

❹ 私たちにとって犬は、家族の一員であるだけでなく、盲導犬や介助犬、さらには、お年寄りや体の不自由な人のリハビリに役立っている大切な存在である。

___

所属 _____ ___年 ___月 ___日
番号 _____ 氏名 _____

ドリル編 第14章 ▶ 接続表現の使い方

接続表現には、「……ため」「……て」のような一文内の節と節をつなぐ語句や、「しかし」「従って」のような、文と文をつなぐ語句があります。本章では、接続表現の基本的な使い分けや、不適切な接続表現の修正の仕方について学びます。

STEP 1

1 ▶▶ 文と文をつなぐ接続表現は、6〜10種類に大別されると言われています。本書では以下の7分類を採用します。

	語の例	用例
順接	従って	郵送されたこの申請書類は、定められた手続きを守っている。<u>従って</u>、この書類は有効である。
逆接	しかし	イルカは海中で暮らしており、ひれもある。<u>しかし</u>、魚ではない。
並列	また	埼玉県は2005年に通学路の安全に関する検討委員会を立ち上げた。<u>また</u>、千葉県も、2000年頃から、通学路の安全についての調査を行っている。
添加	さらに	今年は4月・5月ともに、雨の降る日が多かった。今月に入って、<u>さらに</u>雨の日が増えた。
選択	あるいは	他の年の調査結果が公表されているにもかかわらず、1998年のデータだけがない。1998年だけ調査が行われなかったか、<u>あるいは</u>、この年の結果だけ公表できない理由があるのだろうと推測される。
説明	すなわち	行き先が分からないように家を出ても、同居している人がいないと、家出とは呼ばれない。<u>すなわち</u>、一人暮らしをしている人に、家出はできないのである。
転換	ところで	作者が本作品を執筆した経緯については、以上である。<u>ところで</u>、本作品についての、当時の読者の反応はどのようなものだったのだろうか。

上記の7種の接続表現の基本的な用法を確認しましょう。以下の❶〜❼の空欄にあてはまる適切な接続表現を、ア〜キの中から選んでください（同じ接続表現を2度以上選ばないものとしてください）。

❶ 山下氏の日記によれば、その作品は友人の結婚祝いに書かれたものだという。しかしその作品は現在見つかっていないので、作品が散逸したか、（　　　　）山下氏が日記の中で嘘をついているか、どちらかであろう。

❷ 今回の調査では、サラリーマンの大多数が「現在勤めている会社の健康診断を廃止すべきでない」と回答している。（　　　　）、多くのサラリーマンが、健康診断の必要性を認めているわけである。

❸ このように、最近では、使う人の年齢や使い方に合わせて、相当な種類の日記帳や手帳が作られ、販売されているのである。（　　　　）、これらの商品の価格は、大体どのようになっているのであろうか。

所属 _____ ___年___月___日
番号 _____ 氏名 _____

Japanese Expression
第2部
14 📖 P30-31

| ドリル編 第14章 | **接続表現の使い方** |

❹ この事業は3年連続赤字で、今年も改善の見込みが立たない。(　　　)、経営委員会は、事業からの撤退を決議するであろう。

❺ 地震対策として、政府は昨年度末に2兆円の予算を組み、補強工事事業を開始した。(　　　)今年に入って、1兆5千億円の予算の追加を行い対策を増強した。

❻ 愛媛県は天然の漁場に恵まれ、沿岸漁業が盛んである。(　　　)、温暖な気候を生かした、柑橘栽培などの農業も進んでいる。

❼ 国連をはじめとする国際機関で、環境破壊に歯止めをかけることの必要性が強調されている。(　　　)、実際には、破壊が止まっているとはとても言えない状況にある。

ア 従って　　イ しかし　　ウ また　　エ さらに　　オ あるいは　　カ すなわち
キ ところで

STEP 2

2▶▶　接続表現の使い方に不適切な箇所がある場合は、下記の〈例〉のように、文を分割したり、接続表現を変えるなどして、直す必要があります。

> 〈例〉
> 　マスコミの報道には問題があることがあり、警察に逮捕された人を徹底的に攻撃し、後で冤罪だということが分かり、人権侵害になってしまったことがあった。
> 　　　　　　　　　　　　　↓
> 　マスコミの報道には問題があることがある。例えば、警察に逮捕された人を攻撃したが、後で冤罪だということが分かって、人権侵害になってしまったことがあった。

以下の❶～❹の文も、接続表現の使い方に問題があるために分かりにくくなっています。上記〈例〉も参考にして、分かりやすく書き直してください（必要に応じて、接続表現以外の箇所も直して構いません）。

❶ 第1回調査では、準備が不十分だったため質問の仕方に問題があったので、無回答の比率が非常に高くなってしまったので、分析が困難になってしまったため、質問の仕方を変え、第2回調査を行った。

ドリル編 第14章　接続表現の使い方

❷　「外来語」というのは、若干の例外もあるが、多くはヨーロッパ諸語から日本語に入ってきた語を言うのであるが、近年は外来語が多くなりすぎていることが問題にされている。

❸　インターネットは既に広範囲に普及し、私たちの生活に深く関わっており、私もよく利用していて、メリットもデメリットもあり、今後は注意して活用していきたい。

❹　事前調査が不足していたのに、干拓を強行してしまったため、現地住民の反対運動が起こって計画を中断したが、現在でも干拓事業は再開されていない。

Step 3

3 ▶▶　レポートや論文においては、普通の書き言葉では許される接続表現についても、さらに使用に制限が掛かります。例えば以下のような語です（書き換えの候補は（　）に示しますが、文脈によっては書き換えられず、他の接続表現の方がふさわしい場合があります）。

> A　レポート・論文において避けるべき接続表現
> そうして（→その後・また）、それから（→その後・また）、それに（→また・加えて）、おまけに（また・加えて・さらに）、じゃあ（→それでは）、それなら（→それでは）、けれど（→しかし・一方）、でも（→しかし・一方）、だけど（→しかし・一方）、だって（→なぜなら・その理由は）

> B　レポート・論文において、できれば他の語に書き換えた方がよい接続表現
> そして（→その後・また）、だから（→従って・そのため・よって）、それで（→そのため）、ところが（→しかし）、けれども（→しかし・一方）、だが（→しかし）

| ドリル編　第14章 | 接続表現の使い方 |

前ページA・Bも参考に、以下の❶～❸の文章の中にある、レポートとして避けるべき接続表現や、書き換えた方がよい接続表現に下線を引いてください。その後、書き換えるべき適切な接続表現があれば、下線の下に記入してください。

❶　方言の区画については、徹底的に正しさや厳密さを求めることは難しい。だって、異なる地域のことばの類似度について、厳密に計測する方法が確定していないからである。例えば本稿が扱う青森県方言も、津軽方言と南部方言とに二分する説と、津軽方言・下北方言・南部方言に三分する説とがあるが、優劣をつける方法が見あたらない。だから本稿において、区画については深入りしない。

❷　調査の手順については、2002年6月11日の授業「言語学概論」出席者に母語を尋ね、そして6月25日、授業終了後に、日本語母語話者だけに残ってもらい面接調査を行った。

　6月11日の調査では日本語母語話者は95人、一方、非日本語母語話者が11人という結果であった。でも実際に得られた面接の回答は88である。

❸　本来、この調査は、21年前・11年前の調査の追跡調査として、昨年に行うことが望ましい調査であった。が、昨年、海外調査資金が得られず、おまけに現地で大規模な台風災害があったこともあり、昨年は調査を断念した。

所属　　　　　　　　　　　　　　　　　　　　　年　　月　　日
番号　　　　　　　　氏名　　　　　　　　　　　

Japanese Expression
第2部
15
P32-33

| ドリル編　第15章 | **結論を先に述べる** |

「まず結論を述べよ」と言われることがあります。結論を先に述べることによって、文章の見通しがよくなり、読み手にとって論旨を読み解きやすくなる場合があるからです。本章では結論を先に書き、理由や論証の過程をその後に配置するタイプの文章を作成する練習をします。

STEP 1

1 ▶▶　以下の文章について、結論と思われるところに下線を引き、それを冒頭に出した文章に書き直してください（〈例〉を参考にしてください）。

> 〈例〉
> 　縄文時代の日本語を記した文献は現存していない。したがって、<u>縄文時代の日本語の母音がいくつあったかについては推定できない</u>。
> 　　　　　　　　　　　　↓
> 　縄文時代の日本語の母音がいくつあったかについては推定できない。（なぜなら、）縄文時代の日本語を記した文献は現存していないからである。

ヒント…接続表現の使い方にも気を配りましょう。

❶　この申請書類の提出の締め切りは一昨日で、期限に間に合っていません。また、提出の遅れた理由が、インフルエンザ等ではなく、単に忘れていたというもので、やむを得ないものとは認められません。したがって、あなたの申請は受け付けられません。

　　　　　　　　　　　　　　　　　　　　　　　　　　　
　　　　　　　　　　　　　　　　　　　　　　　　　　　
　　　　　　　　　　　　　　　　　　　　　　　　　　　
　　　　　　　　　　　　　　　　　　　　　　　　　　　

❷　この作品には、手書きの原稿と、木版印刷による印刷版があった。現在残っているのは印刷版だけで、印刷版は手書き原稿に、後の時代の改編が加えられたものである。よって、この作品の、当初の姿は不明なのである。

所属 ＿＿＿＿＿＿＿＿＿＿＿＿＿＿＿＿＿＿＿＿　＿＿年＿＿月＿＿日
番号 ＿＿＿＿＿　氏名 ＿＿＿＿＿＿＿＿＿＿＿＿＿＿

Japanese Expression
第2部
15　P32-33

| ドリル編　第15章 | 結論を先に述べる |

STEP 2

2 ▶▶　長い文章においては、「結論を先に書く」→「論証を書く」→「結論をもう一度書く」という形を求められることがあります。

〈例〉を参考に、下の❶の文を、「結論を先に書く」→「論証を書く」→「結論をもう一度書く」という形に書き換えてください。

〈例〉
　日本の義務教育の期間を高校まで延長すべきかどうかについて考えてみる。
　高校進学を義務にすると、自分の意志で高校に進学しないという道を選ぶのが非常に困難になる。少数ではあるが、プロスポーツ選手や職人を目指す人など、高校で学ぶ時間を他のことに充てたいと考える若い人の希望を阻害することになるのである。
　経済的理由で高校進学を断念している人については、確かに高校義務教育化で救うことができるが、義務教育化しなくても、高校教育を無償化すれば、同様の効果が得られるので、義務教育化する必要はない。したがって、義務教育期間を、高校まで延長するべきではない。

↓

　日本の義務教育の期間を高校まで延長すべきかどうかについては、延長するべきではないと考える。理由は以下の通りである。
　高校進学を義務にすると、自分の意志で高校に進学しないという道を選ぶのが非常に困難になる。少数ではあるが、プロスポーツ選手や職人を目指す人など、高校で学ぶ時間を他のことに充てたいと考える若い人の希望を阻害することになるのである。
　経済的理由で高校進学を断念している人については、確かに高校義務教育化で救うことができるが、義務教育化しなくても、高校教育を無償化すれば、同様の効果が得られるので、義務教育化する必要はない。
　したがって、義務教育期間を、高校まで延長するべきではないということになる。

---

❶　日本の首都移転についてはメリットとデメリットがある。メリットのうち最も大きいものは、現在の人口集中を分散して、災害時の犠牲者を減らせるということである。デメリットのうち大きいものは2つある。1つは非常に経済的コストが掛かるということで、もう1つは、移転先の決定をめぐって地域対立が生まれる危険性である。
　このメリットとデメリットを比べると、2つのデメリットのどちらも、災害時の犠牲者減少というメリットには及ばない。人命を救うというメリットの方が明らかに大きいのである。よって、首都移転は行うべきである。

所属 ＿＿＿＿＿＿＿＿＿＿＿＿＿＿＿＿＿＿＿＿＿＿＿　＿＿年＿＿月＿＿日
番号 ＿＿＿＿＿＿＿＿＿＿　氏名 ＿＿＿＿＿＿＿＿＿＿＿＿＿

> ドリル編　第16章 ▷ **事実か意見か**

　論文やレポートを書くときには、書く内容が「事実」なのか「意見」なのか、読み手に分かるように書く必要があります。本章では、事実と意見の書き分けについて学びます。

　なお、本章で言及する研究機関や研究データ、書名、人名等は、全て実在のものです。

STEP 1

1 ▶▶ 次の各文は、事実を述べた文ですか、意見を述べた文ですか。（　　　　）に書いてください。

❶　桓武天皇は、794年、平安京に遷都した。　　　　　　　　　　　　　　　　　　（　　　　）

❷　国際連合広報センターによると、2010年3月現在の国際連合加盟国総数は192か国である。（　　　　）

❸　ここで取り上げた課題については、早急に取り組むべきである。　　　　　　　　　（　　　　）

❹　1603年に編纂された『日葡辞書』の現存する一冊は、オックスフォード大学ボドレイ文庫に所蔵されている。
　　　　　　　　　　　　　　　　　　　　　　　　　　　　　　　　　　　　　　（　　　　）

❺　上記の例は、本稿の主張を支持するものと考えられる。　　　　　　　　　　　　　（　　　　）

❻　この論を主張するには、さらにデータが必要である。　　　　　　　　　　　　　　（　　　　）

❼　文化庁によると、平成20年度「国語に関する世論調査」では、1954人の回答が得られた。（　　　　）

❽　『詞八衢(ことばのやちまた)』は、1806年に成立した本居春庭による活用研究書である。（　　　　）

❾　人口の増減を考慮せずに論を進めるのは問題ではないか。　　　　　　　　　　　　（　　　　）

❿　チャールズ・ダーウィンは、19世紀にビーグル号に乗船し、ガラパゴス諸島を訪れた。（　　　　）

⓫　文献の奥付から考えると、当該文献は17世紀末に書かれたものと言ってよい。　　　（　　　　）

⓬　鎖国とはどのような状態を指すのだろうか。　　　　　　　　　　　　　　　　　　（　　　　）

ヒント…文末表現に注目しよう。

ドリル編　第16章　事実か意見か

STEP 2

2 ▶▶ 次の各文章について、意見の部分に下線を引いてください。

❶ 日本に暮らす外国人に対する日本語教育の課題は何だろうか。国立国語研究所日本語教育基盤情報センターの「生活のための日本語：全国調査　結果報告〈速報版〉」（2009年5月）によると、「日本語でできるようになりたい行動」として、「火災・救急・警察に電話」を挙げる人が、「ひらがなとカタカナが読める」レベルでは1位、「やさしい漢字が読める」レベルでは2位、「身近な文章が読める」レベルでは1位であった。<u>緊急時の連絡は、生活していく上で大切な能力であろう。日本に暮らす外国人に対し、早急に、緊急時の連絡方法を伝える必要があるのではないか。</u>

❷ <u>近年、子どもの学力と生活習慣についての調査研究が多いように見受けられる。</u>「平成21年度全国学力・学習状況調査調査結果のポイント」にも、「朝食を毎日食べる児童生徒の方が、正答率が高い傾向が見られる。」とある。<u>これらの結果を受け、生活習慣を改善する取り組みを行う学校が出てくるだろう。我々も、今後、これらの取り組みを注視すべきである。</u>

❸ 「平成21年度全国体力・運動能力、運動習慣等調査結果報告書」では、中学校2年生の調査結果のうち、昭和60年度と比較可能な種目について、昭和60年度の各種目の平均値を下回る生徒が何割になるかを示している。それによると、50m走の男子では、50％以上の生徒が昭和60年度の平均値以上の値であったが、それ以外の、50m走の女子、握力男女、持久走男女、ハンドボール投げ男女においては、50％以上の生徒が昭和60年度の平均値を下回った。<u>つまり、平成21年度の中学校2年生は、昭和60年度の中学校2年生に比べて、全体的に体力が下がっていると言えるのである。このような変化はなぜ生じたのだろうか。</u>

❹ 近年、レアメタルの重要性が指摘されているが、<u>レアメタルを多く含む携帯電話・PHSのリサイクル回収率の実態は、必ずしもよいものではなく、問題である。</u>社団法人電気通信事業者協会によると、平成20年度のリサイクル実績は、電池と充電器の回収台数が前年度に比べ増加しているのに対し、本体の回収台数は、前年度から26万9千台減少した。しかも、本体の回収台数は、平成12年度から減少傾向が続いている。しかし、利用せずに保有している人の理由を見ると、「何となく」という回答が32.0％となっている。<u>このことから、今後のPR活動によっては、回収率が高まる可能性もあると考えられる。</u>

❺ 『徒然草』は、14世紀に兼好法師によって書かれた随筆である。この第22段に、「文の詞などぞ、昔の反古どもはいみじき。ただ言ふ言葉も口をしうこそなりもてゆくなれ。」とある。<u>これは、言葉の変化に対する兼好法師の見解を知ることのできる部分であろう。</u>

ドリル編 第16章　事実か意見か

STEP 3

3 ▶▶ 次の各文章は、事実と意見の書き分けが不十分だったり、事実から導いた意見が妥当でなかったりと、問題のある文章です。前提に書かれていることを参考に、どの点が問題なのか、指摘してください。

❶ [前提：平成20年度「国語に関する世論調査」では、「日本語を大切にしているか」の質問に対して、「大切にしていると思う」「余り意識したことはないが、考えてみれば大切にしていると思う」の合計「大切にしている（計）」が、平成13年度と比較して右表のようになった。この結果についての分析を述べ、要因についての問題提起をする。]

	平成13年度	平成20年度
60歳以上	81.4 %	80.9 %
50代	73.8 %	78.9 %
40代	68.3 %	72.9 %
30代	60.9 %	71.2 %
20代	54.1 %	70.9 %
16～19歳	43.8 %	72.2 %

平成20年度「国語に関する世論調査」

　平成20年度「国語に関する世論調査」の結果を見ると、日本語を大切にしている人の割合はかなり高いと考えられる。平成13年度と比較すると、ほとんどの年代で増えているようだが、特に、16～19歳で、前の調査に比べて日本語を大切にしている人が増えているように思われる。このような変化の要因として、何が考えられるだろうか。

---

❷ [前提：平成3年6月の内閣告示第2号「外来語の表記」の「前書き」に、「この『外来語の表記』は、固有名詞など（例えば、人名、会社名、商品名等）でこれによりがたいものには及ぼさない。」「この『外来語の表記』は、過去に行われた様々な表記（「付」参照）を否定しようとするものではない。」とあることを参考にして、外来語の表記についての自分の意見を述べる。]

　ビルの名前などに「○○ビルヂング」と書かれたものを見ることがある。これは、近年では「○○ビルディング」という表記が一般的だと思われるが、平成3年6月の内閣告示第2号「外来語の表記」にも「固有名詞は自由に書いてよい」という記載があることから、問題はないと考えられる。

ドリル編　第16章　事実か意見か

❸ ［前提：独立行政法人日本学生支援機構の学生生活調査によると、平成18年度と平成20年度の大学生（昼間部）の週間平均生活時間は、下表のようになった。この結果についての分析を述べる。］

(単位：時間)

	大学の授業	授業関連の学習（予習・復習）	授業外（あるいは大学以外）の学習	文化・体育等のサークル活動	アルバイト等の就労活動
平成18年度	18.69	6.39	5.05	6.64	9.93
平成20年度	18.73	6.23	2.84	5.42	10.04

　平成18年度と平成20年度の大学生の生活時間を比較すると、平成20年度の学生は明らかに勉強をせずに遊び回っている。平成20年度では遊ぶ金欲しさにアルバイト時間が増えているという事実からも、勉強より遊びに価値を置いていることが分かる。

❹ ［前提：安部朋世2009「第6章　文章を読解する－アカデミックリーディング」『大学生のための日本語表現トレーニング　実践編』（三省堂）の「専門的な文章には、専門用語が出てくるので注意しましょう。注意しなければならないのは、一般的な語としても用いられている語が専門的な意味で用いられている場合です。例えば、「付加価値」は「付加価値を付けた新商品が大ヒットした」のように「商品やサービス等で他のものにはない価値」という意味で用いられますが、経済学では「売り上げから中間投入（原材料・燃料の代金）を差し引いたもの」という意味で使われます。専門用語は読者が理解しているものとして文中で説明をせずに使っている場合も多く、語の意味を曖昧にしたまま読み進めることが致命的な誤解を招く場合があります。必要に応じて専門的な辞典を調べる等して、語の意味を明確にすることが大切です。」(p.22)を引用しながら、専門用語についての自分の意見を述べる。］

　安部2009は、専門用語の意味を正確に理解する重要性について述べている。例えば、「付加価値」は「付加価値を付けた新商品が大ヒットした」のように「商品やサービスなどで他のものにはない価値」という意味で用いられるが、経済学では「売り上げから中間投入（原材料・燃料の代金）を差し引いたもの」という意味で使われる。このような例からも、専門用語の意味を明確にすることが大切であると主張できる。

| 所属 _____ ____ 年 ____ 月 ____ 日 |
| 番号 _____ 氏名 _____ |

Japanese Expression 第2部

17 P36-37

ドリル編　第17章　データの解釈

データの収集・解釈に誤りがあると、レポート・論文として適切なものになりません。本章ではリサーチ・リテラシーの基礎として、データの収集方法や、データの解釈について、誤りを発見し、適切な解釈に直す等の練習をします。

STEP 1

1 ▶▶ 以下のデータの解釈（結論の出し方）には誤りがあります。どのように誤っているのかを指摘してください。

❶　三省女子大学芸術学部2年生の広山さんは、同じ学部の同級生148人に、放課後の活動に関するアンケート調査を行い、芸術活動にかける時間と、スポーツにかける時間の調査を行った。調査の結果得られたデータは、週あたり平均で、芸術活動にかける時間は3.8時間／週、スポーツにかける時間は2.2時間／週であった。このことから、広山さんは、「現在の日本の大学生は、放課後において、スポーツにかける時間が芸術活動にかける時間よりも少ない。」と結論づけた。

❷　大辞林大学3年生の関本君は、JR新橋駅前で好きな食べ物について街頭アンケートを行い、622人の回答を得た。
質問項目のうち、「そばとうどんと、どちらが好きですか。」という質問への回答は、「そばの方が好き」44％、「うどんの方が好き」39％、「その他（無回答を含む）」17％であった。このことから、関本君は、「日本人は、そばとうどんを比べた場合、そばのほうが好きな人が若干多い。」と結論づけた。

| 所属 _____ 　　____年____月____日 |
| 番号 _____ 氏名 _____ |

ドリル編　第17章　データの解釈

2 ▶▶　以下のデータの解釈（結論の出し方）には誤りがあります。どのように誤っているのかを示してください。また、それぞれ、「　　　」内のように結論づけるためには、少なくとも他にどのようなことを調べる必要があるか、示してください。

　　　ヒント…「…傾向にある」「…しやすい／しにくい」ということを明らかにする際は、単純な数ではなく、割合（比率）の方が重要になる場合があります。

❶　三省高校における、3年生全員の1年間の欠席回数を調べたところ、授業の欠席は合計298回、部活の欠席は合計242回であった。石井さんは、このことから、「三省高校の生徒は、部活よりも授業の方を欠席しやすい。」と結論づけた。

_____
_____
_____
_____
_____
_____
_____

❷　警察庁の統計によると、平成21年度における、運転中の交通死亡事故第一当事者（その死亡事故について一番過失が重く、通常、その人が事故を起こしたと見なされる人物）は、30歳～39歳の人が755名、60歳～69歳の人は585名であった。このことから、横井君は、「60歳代の人の方が、30歳代の人よりも、運転中死亡事故を起こしにくく、安全な運転をする傾向にある。」と結論づけた。

_____
_____
_____
_____
_____
_____
_____

ドリル編 第17章 データの解釈

STEP 2

3 ▶▶ 以下のデータの解釈には誤りがあります。どのように誤っているのかを示してください。

❶ 「猫を飼っている人」200人と「猫を飼っていない人」200人に調査を行ったところ、「猫を飼っている人」は、「猫を飼っていない人」に比べて、猫の毛に対するアレルギーを起こす人が、極めて少なかった。柳本さんは、このことから、「猫を飼うことは、猫の毛に対するアレルギーを抑制する効果がある。」と結論づけた。

❷ 現在の日本人に、「演歌は好きですか」というアンケートを行ったところ、それぞれ100人中、70代では74人、50代では42人、30代では5人が「好き」と回答した。大和田君は、このことから、「日本人は年を取るにつれ好みが変わり、徐々に演歌が好きになっていく傾向にある。」と結論づけた。

| 所属 _____ 年 __ 月 __ 日
| 番号 _____ 氏名 _____

ドリル編　第17章　データの解釈

❸　三省大学法学部の授業「法学概論」「日本国憲法」の授業時に出席していた計680人の学生に、「今までに人を殴ったことがありますか」と挙手を求める形でアンケートを行ったところ、2名だけ手を挙げた人がいた。このことから、森君は「現代の大学生においては、人を殴った経験がある人は1％にも遥か及ばず、極めて少ない。」と結論づけた。

所属 _____ 年 ___ 月 ___ 日
番号 _____ 氏名 _____

Japanese Expression 第2部
18 P38-39

> ドリル編　第18章 **レポートの内容と執筆スケジュール**

　この章では、レポートには何を書けばよいのか、また、どのように執筆スケジュールを立てればよいのかを学びます。レポートは感想文とは異なるのだ、ということをおさえていきましょう。

STEP 1

1 ▶▶ 「心理学入門」という共通科目の授業で、「心理学について、自由に論じなさい」という期末レポートの課題が出ました。この授業を履修している、鈴木君・城下君・坂口さんは、それぞれ、次のようにレポートを書きました。この授業の担当教員は、それぞれのレポートにどのような評価を付けると思いますか。担当教員になったつもりで、A～D（Dは不可）の評価を付けてみてください。また、どうしてそのような評価にしたのかも書いてみてください。

❶　鈴木君のレポート

> 「自由に論じなさい」ということだったので、「理由はよく分からないけど心理学が大好きだ」という気持ちを、エッセイ風に詳しく書いた。

評価　　　（　　　）
評価の理由 _____
_____
_____

❷　城下君のレポート

> 授業の中で、「セルフハンディキャッピング（self-handicapping）[*1]」についての説明があったので、自分は、そのようなことをしたことがない、ということを詳しく述べた。

評価　　　（　　　）
評価の理由 _____
_____
_____

[*1] 失敗しそうな時に、事前に言い訳を用意して、自尊心を守ろうとすること。例えば、試験前に「全然勉強していない」と言ったり、実際に遊んで勉強しないような状況を指す。結果が悪くても、「本気で勉強すれば、結果は違っていた」と考えることができ、結果がよければ、「不利な状況なのに、よい結果を出せた」と考えられるので、自分への言い訳に都合がよい。

所属 ＿＿＿＿＿＿＿＿＿＿＿＿＿＿＿＿＿＿＿＿＿ ＿＿年＿＿月＿＿日
番号 ＿＿＿＿＿＿＿ 氏名 ＿＿＿＿＿＿＿＿＿＿＿＿

Japanese Expression 第2部
18 P38-39

| ドリル編　第18章 | レポートの内容と執筆スケジュール |

❸ 坂口さんのレポート

> 授業の中で、「セルフハンディキャッピング」についての説明があったので、先行研究を2本読んだ上で、クラスメイトの男女各3名に、「セルフハンディキャッピング」の経験があるかを聞き、男女による傾向の違いを考えた。

評価　　　（　　　）
評価の理由 ＿＿＿＿＿＿＿＿＿＿＿＿＿＿＿＿＿＿＿＿＿＿＿＿＿＿＿＿＿＿＿＿＿＿＿＿＿
＿＿＿
＿＿＿

STEP 2

2 ▶▶　STEP 1のレポートを書くとしたら、どのような執筆スケジュールを立てますか。締切は20XX年7月30日（金）の16：30、教務のポスト提出で、現在は7月1日（木）とします。また、7月の下旬にはテストが集中するという前提で考えてください。

提出予定日	月　　日（　）　　時	提出場所　（　　　　　　　　　　）
印刷・ホチキス止め	月　　日（　）　　時〜	印刷に要する時間　　　　（　　　　）
最後の見直し+訂正 （最低1度は音読する）	月　　日（　）　　時〜	見直し+訂正に要する時間　（　　　　）
レポートの提出要領を 見て体裁の確認+訂正	月　　日（　）　　時〜	体裁の確認+訂正に要する時間（　　　　）
執筆開始	月　　日（　）　　時〜	執筆に要する時間　　　　（　　　　）
小規模な調査	月　　日（　）　　時〜	調査に要する時間　　　　（　　　　）
調査課題の設定	月　　日（　）　　時〜	課題の設定に要する時間　（　　　　）
文献の講読	月　　日（　）　　時〜	文献の講読に要する時間　（　　　　）
文献の検索と入手	月　　日（　）　　時〜	文献の検索と入手に要する時間（　　　　）
授業ノートの復習	月　　日（　）　　時〜	ノートの復習に要する時間（　　　　）
締切と提出場所、 体裁の確認	7月　1日（木）　18時〜	確認に要する時間　　　（　　10分　　）

所属 _____ ___年___月___日
番号 _____ 氏名 _____

Japanese Expression 第2部

19 P40-41

ドリル編　第19章　**文献の検索**

　この章では、文献の検索方法について学びます。インターネットと図書館を組み合わせて利用することで、効果的な検索が可能になります。

STEP 1

1 ▶▶　期末レポートの課題が出たときは、以下のチャートをたどって、自分に必要な検索方法を確認しましょう。

スタート

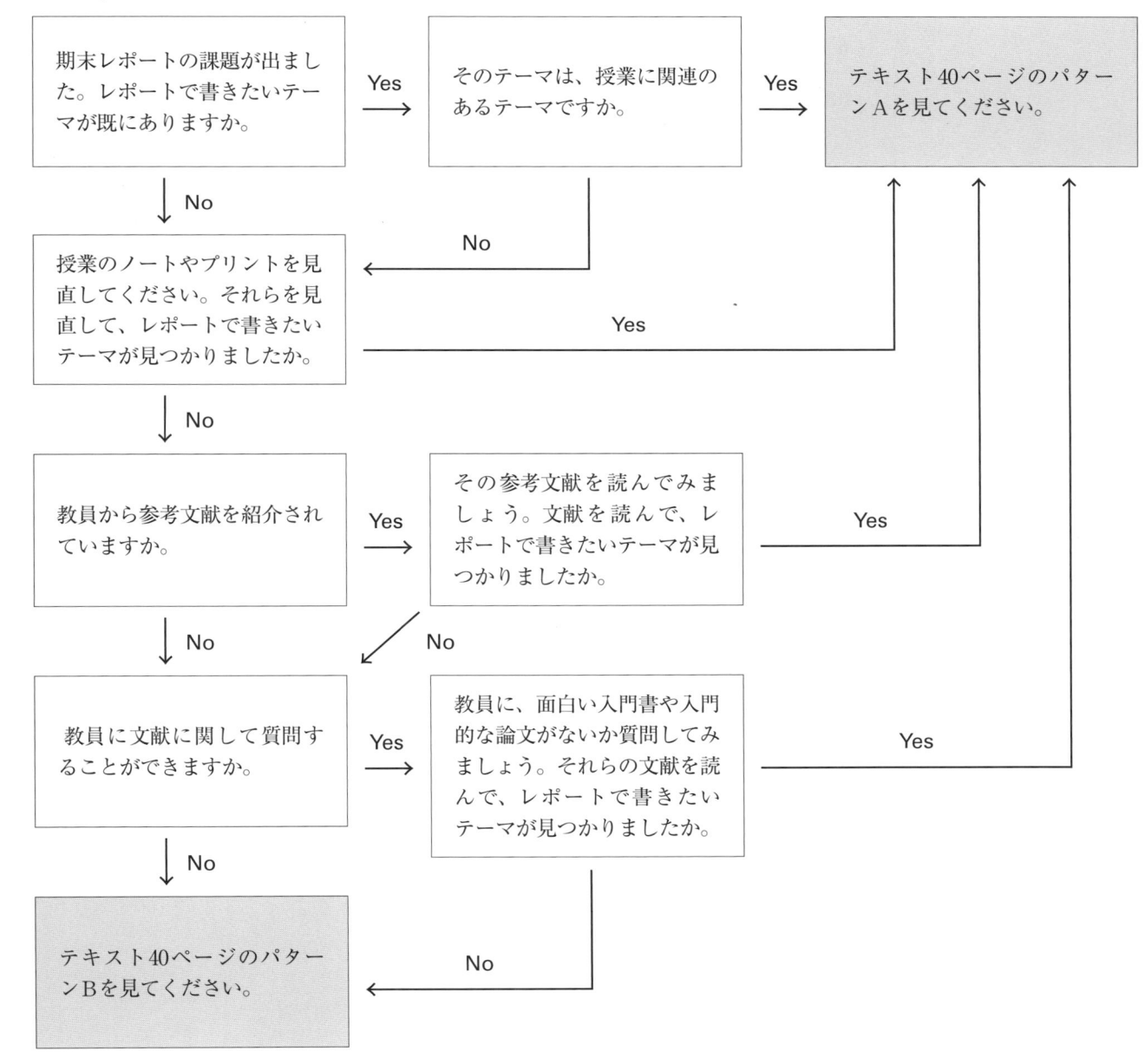

- 期末レポートの課題が出ました。レポートで書きたいテーマが既にありますか。
  - Yes → そのテーマは、授業に関連のあるテーマですか。
    - Yes → テキスト40ページのパターンAを見てください。
    - No ↓
  - No ↓
- 授業のノートやプリントを見直してください。それらを見直して、レポートで書きたいテーマが見つかりましたか。
  - Yes → テキスト40ページのパターンAを見てください。
  - No ↓
- 教員から参考文献を紹介されていますか。
  - Yes → その参考文献を読んでみましょう。文献を読んで、レポートで書きたいテーマが見つかりましたか。
    - Yes → テキスト40ページのパターンAを見てください。
    - No ↓
  - No ↓
- 教員に文献に関して質問することができますか。
  - Yes → 教員に、面白い入門書や入門的な論文がないか質問してみましょう。それらの文献を読んで、レポートで書きたいテーマが見つかりましたか。
    - Yes → テキスト40ページのパターンAを見てください。
    - No ↓
  - No ↓
- テキスト40ページのパターンBを見てください。

所属 _____ _____ 年 ____ 月 ____ 日
番号 _____ 氏名 _____

Japanese Expression 第2部
19 P40-41

| ドリル編　第19章 | 文献の検索 |

STEP 2

2 ▶▶　興味のあるキーワードを入力し、実際に、「想[*1]」「CiNii[*2]」を使って3本ほど文献を検索してみましょう。また、検索した文献が、大学の図書館にあるかどうかも「Webcat Plus[*3]」で調べてみましょう。

「想」あるいは「CiNii」で検索したキーワード　（　　　　　　　　　　　　）

興味を持った文献　　タイトル _____

　　　　　　　　　　筆者 _____

　　　　　　　　　　出版年 _____

　　　　　　　　　　出版社（もしくは掲載雑誌）_____

　　　　　　　　　　大学の図書館にあるか（なければどの図書館にあるか）_____

興味を持った文献　　タイトル _____

　　　　　　　　　　筆者 _____

　　　　　　　　　　出版年 _____

　　　　　　　　　　出版社（もしくは掲載雑誌）_____

　　　　　　　　　　大学の図書館にあるか（なければどの図書館にあるか）_____

興味を持った文献　　タイトル _____

　　　　　　　　　　筆者 _____

　　　　　　　　　　出版年 _____

　　　　　　　　　　出版社（もしくは掲載雑誌）_____

　　　　　　　　　　大学の図書館にあるか（なければどの図書館にあるか）_____

*1　想（http://imagine.bookmap.info/index.jsp）キーワードに関連するものを探してくれる連想検索が魅力的です。
*2　CiNii（http://ci.nii.ac.jp/）論文の検索ができます。
*3　Webcat Plus（http://webcatplus.nii.ac.jp/）その文献を所蔵している図書館が分かります。

所属 _____ ___年___月___日
番号 _____ 氏名 _____

Japanese Expression
第2部
20
P42-43

ドリル編　第20章　調査課題の設定

　既に18章で述べたように、レポートでは、小規模調査が大切になってきます。この章では、レポートを書く際の調査課題の設定の仕方について学びます。どのような調査課題がよいのかを考えながら取り組みましょう。

STEP 1

1 ▶▶　次の調査には、明らかに問題があります。どのような問題があると思いますか。できるだけ多く挙げてください。

❶　共通科目「日本の文学A」の期末レポートは、「古今和歌集について、自由に論じなさい」というものだった。これを受けて、次のような調査を考えた。
　①　『古今和歌集』の春の部と夏の部を読み、自分の感覚で、(A)面白い、(B)つまらない、(C)今ひとつ、(D)ねらいは分かる、の4つに分類する。
　②　(A)〜(D)に分類された和歌について、それぞれに、「歌枕」「序詞」「掛詞」等の修辞法が、どれだけ使われているかを数え、修辞法と面白さの関係について考察する。

問題点　・_____
　　　　・_____
　　　　・_____

❷　共通科目「読書と文化」の期末レポートは、「書籍購入の傾向や、読書の傾向について、自由にレポートしなさい」というものだった。これを受けて、「一か月のアルバイト収入と、書籍購入の関係」を調べようと思い、次のような調査を考えた。
　①　まず、「一か月あたりどのくらいアルバイト収入があるか」を、本学1年生165名対象にアンケート調査する。なお、アンケート調査の回答は匿名であり、収入に関する選択肢は、「(A)かなり収入がある、(B)まずまず収入がある、(C)ある程度収入がある、(D)収入がある、(E)あまり収入がない、(F)そもそもアルバイトをしていない」の6つである。
　②　次に、「一か月にどのくらい本を買うか」という質問をする。選択肢は、「(A)かなり買う、(B)マンガなら買う、(C)ある程度どちらも買う、(D)あまり買わない、(E)そもそも本は買わない、(F)そもそも本は読まない」の6つである。

所属 _____ 　　年 ___ 月 ___ 日

番号 _____ 氏名 _____

> ドリル編　第20章　**調査課題の設定**

第2部　Japanese Expression
20　P42-43

問題点　・ _____
　　　　・ _____
　　　　　 _____
　　　　・ _____
　　　　　 _____

STEP 2

2 ▶▶　STEP 1の1の❷と同じ設定（「書籍購入の傾向や、読書の傾向について、自由にレポートしなさい」）で、調査をするとしたら、どのような調査課題を考えますか。何でもよいので、自らのアイディアを否定しないで、とにかく、考えられる調査課題を出してみてください（調査課題を設定するために、まず、どんどんアイディアを出してください）。

　・ _____
　・ _____
　・ _____
　・ _____
　・ _____
　・ _____

3 ▶▶　2で出した調査について、「時間的に現実的か」「具体的に調査できるか」という観点から考えて、現実的な調査課題に絞ってください。いくつかの調査を組み合わせても構いませんので、最低でも1つは、現実的な課題を出してください。その際、どのような調査を行うのか（例えば、「クラスメイト10名にアンケート調査を行う」等）と調査にかかりそうな時間もあわせて書いてください。

現実的な調査課題　_____
　　　　　　　　　_____
　　　　　　　　　_____

どのような調査を行うか　_____
　　　　　　　　　　　　_____
　　　　　　　　　　　　_____

調査にかかりそうな時間　・準備 ___ 時間　・実際の調査 ___ 時間　・データの処理 ___ 時間

所属 _____ _____ 年 ____ 月 ____ 日
番号 _____ 氏名 _____

Japanese Expression 第2部
21 P44-45

ドリル編 第21章 ／ レポートの構成

この章では、レポートの構成について学びます。分野によって異なりはありますが、心配する必要はありません。基本的な部分をマスターすれば、多くの分野に応用することが可能です。

STEP 1

1 ▶▶ レポートの主な構成要素を、以下にア〜カで示します。ア〜カは、それぞれ、次の6つのうちのどれに該当するでしょうか。（　　　）の中に、ア〜カの記号を入れてください。

「結論と今後の課題」（　　）　　「調査の概要」（　　）　　「はじめに」（　　）

「先行研究について」（　　）　　「調査結果と考察」（　　）　　「引用文献一覧」（　　）

ア	レポート中に引用された文献が一覧になっている。アイウエオ順の場合や、アルファベット順等の場合がある（詳細は23章参照）。
イ	レポートの目的・概要・結論・構成等が、簡潔に示されており、ここを読むだけで、そのレポートのおおよそのことが分かる。「なぜそのテーマを扱うのか」「授業とどのように関係しているのか」が書いてあると、なおよい。
ウ	「どのような調査をしたのか」について、10年後の自分がその調査を再現できるくらいの詳しさで書いてある。アンケート調査をした場合は、調査に使用したアンケートが添付してあるとよい。
エ	調査結果が、図や表等で、分かりやすくまとめられている。また、「なぜ、そのような結果になったのか」「この調査結果は何を意味するのか」ということに関して考察がある。
オ	「先行研究がどこまで明らかにしているのか」「先行研究ではどのようなことを述べているか」「先行研究で明確になっていないことは何か」が、端的にまとめられている。また、「本レポートで何を調査するのか」が簡潔に書いてある。※期末レポートの場合、数本の先行研究を読むだけでよい場合もある。卒業論文になると、より本格的に先行研究を調べる必要がある。
カ	結論がまとめられている。また、今回のレポートの弱点や不足部分に関して言及があり、それを補うためにどのような調査が必要かということが書いてある。加えて、レポートの内容が大きな視点から見た時に、どのような意味を持つか、について言及がある。

2 ▶▶ STEP 1の1のア〜カを正しい順番に並べるとどのようになるでしょうか。内容をよく読み、ア〜カを正しい順番に並べ替えてください。

正しい順番　（　　）→（　　）→（　　）→（　　）→（　　）→（　　）

所属 ＿＿＿＿＿＿＿＿＿＿＿＿＿＿＿＿＿＿　＿＿年＿＿月＿＿日

番号 ＿＿＿＿＿＿＿＿＿＿　氏名 ＿＿＿＿＿＿＿＿＿＿＿＿＿

Japanese Expression
第2部
21
P44-45

| ドリル編　第21章 | レポートの構成

STEP 2

3 ▶▶ 「章」の下位区分として、「節」があります。よって、レポートの構成は、「章」「節」を用いて、「×章×節」のように、階層的に構造化できるわけです。1章を「1．」と示し、1章1節を「1．1．」と示す表記を用いて具体例を示すと、次のようになります（以下の研究は全て架空のものです）。

はじめに
先行研究について
山口玲奈1967について
佐藤彩香1989について
杉藤沙織2005について
吉沢数子2010について
先行研究のまとめ
調査の概要
調査結果と考察
調査結果
考察
結論と今後の課題

章と節の番号をつけ階層的に構造化 →

1．はじめに
2．先行研究について
　2．1．山口玲奈1967について
　2．2．佐藤彩香1989について
　2．3．杉藤沙織2005について
　2．4．吉沢数子2010について
　2．5．先行研究のまとめ
3．調査の概要
4．調査結果と考察
　4．1．調査結果
　4．2．考察
5．結論と今後の課題

上記の例を参考に、次の構成に章と節の番号を付け、階層的に構造化してください（節のない章があっても構いません）。

はじめに
基本的な用語の説明
先行研究
先行研究の概観
伊藤&上杉（1997）
大沼&永原（2000）
前田&吉見（2005）
渡邉（2008）
先行研究の問題点
調査の概要
調査対象者の説明
調査方法の説明
調査結果
考察
結論と今後の課題

章と節の番号をつけ階層的に構造化 →

| 所属 _____ ___年 ___月 ___日
| 番号 _____ 氏名 _____

Japanese Expression 第2部
22 P46-47

ドリル編 第22章　注の書き方

レポートや論文では、注を付けることがあります。注を適切に付けることで、レポートや論文の内容がより分かりやすくなります。本章では、注の付け方について学びます。

なお、本章にある『古今和歌集』と「水天宮」は実在するものですが、それ以外の作品名、人名、学会名等は架空のものです。

STEP 1

1 ▶▶　レポートや論文を書く際には、次のア～キのような内容を注にすることが多くあります。あとの❶～❺の各文章に振られた注は、ア～キのどの内容でしょうか。（　　　）にあてはまる記号を書いてください。

ア　当該の事象や用語がこれまでにどのように呼ばれてきたのかを説明する。
イ　当該の事象についての概略・一般的知識を説明する。
ウ　当該の事象に関して参照すべき先行研究を説明する。
エ　関連する、今後の課題や、研究の方向性について、アイディアを示す。
オ　一見関連があるような事柄について言及し、実は、本稿の考察とは直接関係しないこと（考察の対象外であること）を明示する。
カ　当該の内容について、他の人からアドバイスを受けたことを説明する。
キ　論文が、既に発表した内容を基にしていることを説明する。

❶
　　　川山海子の短歌は、『古今和歌集』[*1]の影響が見られることが、多くの先行研究によって明らかにされている[*2]。一方、小説や詩については、その存在が最近になって発見されたこともあり、管見の限り研究自体が少ない。……（略）……

*1　『古今和歌集』は、10世紀初頭に紀貫之らによって編纂された、最初の勅撰和歌集である。
*2　川崎(1971)、盛田(1978)、山川(1980)、外山＆岡野(1982)、西川(1983)等の研究がある。

　　*1 =（　　　）　　*2 =（　　　）

❷
　　　第3章　『生真面目な散策』の生真面目さ－上山虎三の初期の作品の特徴－[*1]……（略）……

*1　本章は、日本韻文散文学会第32回大会(20XX年5月24日、於三省大学)における口頭発表をもとに執筆したものである。

　　*1 =（　　　）

| 所属 _____ ___年___月___日
| 番号 _____ 氏名 _____

Japanese Expression 第2部

22 P46-47

ドリル編　第22章　**注の書き方**

❸

いわゆる「クラリネット問題」*1 は、近年、多くの研究者によって取り上げられている。……（略）……

*1 本稿で取り上げる問題は、先行研究において、「クラリネット問題」「クラリネットの音問題」「クラリネット音出し問題」等と呼ばれているが、本稿では「クラリネット問題」と呼ぶことにする。

*1 =（　　　）

❹

まず、「就活の面接では何が決め手になるのか」についての先行研究である伊藤＆上杉（1997）について検討し、問題点を指摘する。

伊藤＆上杉（1997）では、「オンリー1であればナンバー1である」という考え方を主張している。ただし、「オンリー1」*1 という概念には、次の問題点があると考えられる。……（略）……

次に、大沼＆永原（2000）について検討する。……（略）……

このように、大沼＆永原（2000）では、就活の面接で決め手になるのはお辞儀の角度であり、日々の柔軟体操が重要だと結論づけている。しかし、具体的にどの程度の角度が最もよい角度なのかについての指摘がないことは問題であると言える。また、お辞儀の角度と日々の柔軟体操との関係性が明確ではない点も問題であろう*2。……（略）……

*1 「オンリー1」という語がどのように広がったのか、何が初出であるのかについても、多くの研究がなされているが、本稿のテーマとは直接関係がないため、取り上げないこととする。
*2 ただし、日々の柔軟体操については、健康を保つ面や、毎日何かを続ける意義という点において、間接的にではあるが一定の効果があることも予想される。この点については今後の課題としたい。

*1 =（　　　）　　*2 =（　　　）

❺

本稿の目的は、就活の面接では何が決め手になるのかを明らかにすることである。よって、実際に採用人事担当者100人にインタビュー調査を行うこととする*1。具体的には、以下の手順で進める。……（略）……

*1 採用人事担当者にインタビューするというアイディアについては、森林太郎氏、白鳥桜子氏のご教示による。

*1 =（　　　）

ドリル編　第22章　＞　注の書き方

STEP 2

2 ▶▶　次の文章に、次ページ❶〜❺の内容の注を付けるとしたら、それぞれどこに付ければよいでしょうか。文章の適切な位置に注の表示（＊と注番号）を付けてください。また、❶〜❺の内容を注に書き直してください。

　前節では、上山虎三の初期の作品である『生真面目な散策』と『数奇な運命と堪忍袋』の両作品を比較し、「生真面目さ」がキーワードになることを論じた。本節では、上山の姉であり、作家で俳人の下川菖蒲の小説『おどけた子猫と庭の鶯』とを比較し、上山の初期の作品の「生真面目さ」について、さらに検討をしていく。

　下川菖蒲は、上山虎三の12歳違いの実姉である。虎三は、7人兄弟の中で菖蒲を最も慕っており、5歳の頃、嫁いでいく菖蒲を追いかけ、東京日本橋の実家から水天宮まで泣きながら追いかけた話は、二人の関係を示す大変有名な逸話として、多くの研究で取り上げられている。

　そのような関係の二人の作品は、専ら「虎三の作品が菖蒲の作品からどのような影響を受けたか」という視点で研究されてきた。しかし、『生真面目な散策』と『おどけた子猫と庭の鶯』については、そのような関係性では捉えられず、「菖蒲の作品が虎三の作品から影響を受けているのではないか」と考えられる点が指摘できるのである。

　まず、二つの作品の完成の時期を確認しておきたい。『生真面目な散策』は、出版が1915年、『おどけた子猫と庭の鶯』は1914年であり、出版年から考えると、菖蒲の作品が虎三の作品の影響を受けたとは考えにくい。しかし、昨年発見された書簡から確認できるように、作品の完成時期はともに1914年3月頃である。次に1913年12月の、菖蒲から虎三への手紙を引用する。

　　　虎三様
　　　　年も押し迫ってきましたがお元気でしょうか。先日はご教示ありがとうございました。……（略）

| 所属 _____ 年 ___ 月 ___ 日
| 番号 _____ 氏名 _____

第2部 Japanese Expression
22 P46-47

ドリル編 第22章 ＞ **注の書き方**

❶ 水天宮は、現在の東京都中央区日本橋蛎殻町にある神社であり、日本橋から約1kmの距離があること。

❷ 上山虎三と下川菖蒲との関係についての先行研究として、以下のものが挙げられること。
花巻（1978）、石村（1979）、戸田（1982）、川原（1985）、山名（1988）

❸ 「菖蒲の作品からの影響」についての研究として、葛西（1971）、奥野（1978）等多くの研究があり、研究の流れをまとめたものとして鈴村（1998）を参考にするとよい、ということ。

❹ 「菖蒲の作品から影響を受けた」と言われている虎三のその他の作品についても再検討の必要がある。その点は今後の課題にしたい、ということ。

❺ 書簡の引用文にある下線は、筆者が付けたものであること。

所属 _____ ___年___月___日
番号 _____ 氏名 _____

Japanese Expression
第2部
23 P48-49

| ドリル編　第23章 | 参考文献の書き方・引用の仕方 |

レポートにおける参考文献の書き方は、基本的には論文の場合とほぼ同じです。具体的には、

参考文献表示の主な項目
　雑誌論文の場合：著者氏名、論文タイトル（副題のある場合は副題も書く）、発行年、雑誌発行団体（学会名等）、
　　　　　　　　　雑誌名、巻号数、掲載ページ
　図書の場合：著者氏名（著者がなく、編者や編集団体のみがある場合は編者・編集団体名を書く）、発行年、図書名、
　　　　　　　出版社、出版地

を書きます（ただし、専門分野や文献の体裁の違いにより、若干の項目の変動や記載順序の変動があります）。
　この章では、上記も踏まえながら、参考文献の示し方や引用の仕方を学び、書式に従ってきちんと書く練習をします。

STEP 1

1 ▶▶　以下の❶と❷において、それぞれの下線を引いた項目が、上記「参考文献表示の主な項目」の、どの項目に当たるかを書き込んでください（最初の項目の〈例〉を参考にしてください）。※上記「参考文献表示の主な項目」にない項目であると判断した場合は、何も書き込まなくて結構です。

❶　雑誌論文の場合

　橋本行洋　　　　　「『食感』の語誌　－新語の定着とその要因－」『日本語の研究』　　（日本語学会）
〈例〉（著者氏名）　　a（　　　　　　　）　　b（　　　　　）　　c（　　　　　　）d（　　　　　　）

　　第2巻4号、　　pp.92-106、　　2006年
　　e（　　　）　　f（　　　　）　g（　　　）

❷　図書の場合

　佐藤琢三　　『自動詞文と他動詞文の意味論』　　笠間書院　　　　東京　　　　2005年
　a（　　　）　b（　　　　　　　　　　　）　c（　　　　）　d（　　　）　e（　　　）

　三省堂編修所　　『すぐに役立つ　日本語活用ブック』　　三省堂　　　東京　　　　2007年
　f（　　　　　）　g（　　　　　　　　　　　）　h（　　　）i（　　　）j（　　　）

所属 _____ ___年___月___日

番号 _____ 氏名 _____

ドリル編　第23章　参考文献の書き方・引用の仕方

STEP 2

2 ▶▶ 以下の設定における参考文献を、〈書式例〉に従った体裁で書いてください（カッコの種類や項目の順序等も従ってください）。

〈書式例〉
- 雑誌論文の書式例
  笹原宏之（1997）「字体に生じる偶然の一致　－『JIS X0208』と他文献における字体の『暗合』と『衝突』－」『日本語科学』1　pp. 7 -24　国立国語研究所
- 図書の書式例
  千葉謙悟（2010）『中国語における東西言語文化交流　近代翻訳語の創造と伝播』東京:三省堂

❶ ［設定1：表示したい文献は雑誌論文で、著者は伊藤茂氏、題名は「宮崎県の若者ことばの変化と地理的条件　－通学圏の変化を中心に」と表示されている。掲載雑誌の巻末にある奥付は、以下のようになっている。論文は掲載雑誌の、24ページから52ページに載っている。］

```
西日本方言の研究　　　3巻2号
発行日　　　2010年5月30日
編集・発行　西日本諸方言学会
　　　　　　事務局　福岡県博多市横沢2-X-X　坂本ビル3F
　　　　　　URL:http//www.X0X0X0X0.nishid.jp
発売　　　　みつち出版
　　　　　　〒1XX-XXXX　東京都千代田区川島町3-X-X
　　　　　　電話（XXX）XXX-XXXX　FAX（XXX）XXX-XX0X
```

❷ ［設定2：表示したい文献は図書で、その図書の奥付は以下のようになっている。］

```
相づち行動とその周辺　　　動きとことば
2004年2月1日　第1刷発行
著者：長谷川絵美・川合美智子
発行者：株式会社さとみ出版　　代表者　斉藤功
印刷所：（有）オーホリ印刷
発行所：株式会社さとみ出版　〒1XX-XXXX　東京都千代田区外神田X-X-X
電話：（03）XXXX-XXXX　振替口座　XXXXX-0-XXXX
```

所属 _____ ___年___月___日
番号 _____ 氏名 _____

Japanese Expression 第2部
23 P48-49

ドリル編　第23章　▶　**参考文献の書き方・引用の仕方**

_____
_____

STEP 3

3 ▶▶　次ページ❶・❷のそれぞれの場合について、付されている〈例〉を参考にしながら、下記「引用元文献」の文章の中から適当な箇所を引用した文章を書いてください。

※引用元文献：三省堂編修所（2007）『すぐに役立つ　日本語活用ブック』（三省堂）

電話編

場面別　ビジネス電話のマナー
受けた時

（1）一般的な社用電話の受け方
　① ベルが鳴ったらすぐに出る。メモの用意もする。
　　※3コール以内に出ることを心がける。
　② こちらの会社名を名乗る。「はい、○○出版でございます。」など。「もしもし」は不要。
　　※受話器をとるのが遅くなった場合は、「お待たせいたしました。」と言ってから名乗る。
　③ 相手が名乗り、あいさつしたら「いつもお世話になっております。」などと返す。
　　※相手が名乗らない時は「失礼ですが、どちら様でしょうか。」「失礼ですが、お名前を頂戴できますか。」
　④ 取り次ぎを依頼されたら……
　　はい、○○ですね。ただ今代わります。少々お待ちください。
　　※本人が出るまでは保留ボタンを押すか、受話器を手でおさえておく。
　⑤ 取り次ぎの電話で指名されて出る時。
　　お電話代わりました。○○でございます。

（2）指名された本人が不在や所用の場合
　① 社内にいる。
　　《すぐ戻ることがわかっている》
　　申し訳ございません。ただ今、○○は席をはずしております。すぐに戻って参りますが、少々お待ちいただけますか。
　　《ほかの電話に出ている》
　　申し訳ございません。ただ今○○はほかの電話に出ております。お待ちになりますか。
　　《来客・会議・打ち合わせ中》
　　申し訳ございません。あいにく○○は席をはずしております。戻りましたらこちらからお電話差し上げるようにいたしますが。

　　　　　　　　　　　　　　　　－82－

所属 _____ _____ 年 ___ 月 ___ 日
番号 _____ 氏名 _____

Japanese Expression 第2部
23 P48-49

| ドリル編　第23章 | **参考文献の書き方・引用の仕方** |

❶ 原文（引用部分）が長い場合

〈例〉
　仕事等で電話を受ける際、最初の対応としてはどのような点に注意すべきであろうか。三省堂編修所編(2007)、82ページにおいては、
　　ベルが鳴ったらすぐに出る。メモの用意もする。
　　※3コール以内に出ることを心がける。
　と書かれている。

　仕事等で電話を受け、取り次ぎを依頼されたが、指名された本人が来客等で出られない場合の対応は、どのようにしたらよいのだろうか。三省堂編修所編(2007)、82ページにおいては、

❷ 原文（引用部分）が短い場合

〈例〉
　電話のベルが鳴ったら、どれぐらいの早さで出るのがよいのだろうか。三省堂編修所編(2007)、82ページにおいては「3コール以内に出ることを心がける」と書かれている。

　電話に出て自分側が名乗る際、「もしもし」という言葉は言う方がよいのか、言わない方がよいのだろうか。三省堂編修所編(2007)、82ページにおいては、

所属 _____ ____年____月____日
番号 _____ 氏名: _____

ドリル編 第24章 ▶ 体裁・書式

レポートや論文では、体裁や書式を守って執筆することが大切です。本章では、レポートや論文の体裁・書式について学びます。付録としてチェックシートを付けてありますので、執筆の際の参考にしてください。

STEP 1

1 ▶▶ ［設定：文学部日本語日本文学科2年、学籍番号0912XXSの花川咲代さんは、前期水曜1時限開講の「日本語史概論」という授業を履修しており、中間レポートの課題として、「テキスト第3章第4章の内容をそれぞれ2000字程度でまとめる」という課題が出されました。担当教員は野山次郎先生で、提出締切は20XX年の5月31日（月）です。］

この設定で課題のレポートを提出する際、レポートの表紙をどのように作成すればよいでしょうか。花川さんになったつもりで、以下に書き込んで表紙を完成させてください。なお、体裁は横書きとします。

ヒント…教員がレポートの提出状況をチェックする際、どのような情報があるとよいでしょうか。

ドリル編 第24章　体裁・書式

STEP 2

2 ▶▶　次の〈レポート例〉は、花川さんのレポートの2ページ目ですが、修正した方がよい点があります。どのような修正が必要でしょうか。あとの〈例〉にならって、修正した方がよい点を3種類以上指摘してください。

〈レポート例〉

> **2　中世の日本語**
> **1　キリシタン資料資料**
> 室町時代の日本語を知る資料として、**キリシタン資料**が挙げられる。キリシタン資料とは、16世紀後半から17世紀前半にかけて、カトリックの宣教師たちが、日本で布教活動を行うために編纂された文献資料のことです。
>
> キリシタン資料には、様々な種類がある。例えば、『ドチリナ・キリシタン』『スピリツアル修行』などの**宗教書**、『平家物語』『イソポ物語』等の**文学書**、『落葉集』『日葡辞書』『日本文典』などの**辞書・語学書類**などです！
>
> （中略）
>
> キリシタン資料が日本語史の資料として重要史されるのは、ローマ字資料があるからです！！**日本語が、ポルトガル後の発音に基づくローマ字によって書き表されている**ため、当時の日本語の発音を知る手がかりとなるのである。

〈例〉　・誤字（重要史・ポルトガル後）を直さずそのままにしている。

・ _____

・ _____

・ _____

・ _____

所属 _____ _____ 年 ___ 月 ___ 日
番号 _____ 氏名 _____

Japanese Expression 第3部
25 P52-53

ドリル編　第25章　レポート課題とレポートを書く順序

レポートを書いてみよう ——スロット型教材——

第3部について

　第1部と第2部では、分かりやすい文章の書き方について学んできました。この第3部では、これまでのことを踏まえ、実際にレポートを書く練習をします。
　第3部の各章の構成は基本的に次のようになっています。
　まず、課題を通して、レポートを書くために必要な知識やポイントを学びます。興味深い様々な架空の研究を題材として、特に気をつけてもらいたい部分を、無理なくトレーニングできるように工夫されています。積極的に取り組んでください。
　その後、「スロット型教材」という教材を用いて、実際にレポートを書いていきます。スロット型教材では、第3部の全章を通して以下のレポート課題が出たという設定で、レポートを書くことになります。最後には、無理なく6000字前後のレポートができあがるようになっています（完成したレポートを107〜112ページに示します）。

設定：共通科目「日本語表現」の期末レポート課題で、以下の課題が出たとします。

レポート課題			
科目名	共通科目:日本語表現		水曜日　1時限
教員名	柄沢彦泰	対象学年	1〜4学年
課題	授業の内容を踏まえ、自由にテーマを設定して論じなさい。		
分量	400字詰原稿用紙15枚程度（約6000字）の分量であること。	サイズ 書式	A4横書き。行数と文字数は自由。題名・学籍番号・氏名を記載した表紙を付けること。
提出期間	7月20日（火）〜7月30日（金）（16:30まで）締切厳守（いかなる理由でも、提出期限を過ぎたものは受理しない）		
提出場所	教務担当（事務センター1階）提出ポスト		

スロット型教材について

　第3部で取り組む「授業の内容を踏まえ、自由にテーマを設定して論じなさい」というレポート課題は、大学で最もよく出る課題であり、同時に、最も書きにくい課題でもあります。さらに、原稿用紙15枚程度（6000字程度）という分量は、レポート課題の中でも、やや多めの分量です。これぐらいの分量になると、「なかなか書けない」と悩む人も多いようです。
　しかし、難しいと思う人も、もう心配しないでください。レポートや論文の書き方には、実は、「型」があるのです。基本的な「型」さえマスターしてしまえば、一定レベル以上のレポートや論文を、ある程度の時間内に書くことができるようになります。
　これから第3部で学ぶスロット型教材は、そのレポートや論文の「型」を身につけるためのものです。ここでは、その教材の一部をお見せします。

〈スロット型教材例〉
　この章では先行研究について述べる。最初に、先行研究の概観について述べておく。このレポートのテーマである［ ❶ ］に関する先行研究には、管見の限り、［ ❷ ］［ ❸ ］［ ❹ ］［ ❺ ］等がある。

所属 ＿＿＿＿＿＿＿＿＿＿＿＿＿＿＿＿＿＿＿＿＿＿　＿＿年＿＿月＿＿日
番号 ＿＿＿＿＿＿　氏名 ＿＿＿＿＿＿＿＿＿＿＿＿＿

ドリル編　第25章　レポート課題とレポートを書く順序

この教材の便利なところは次の点です。

Ⅰ ［　　　］のスロット部分に文言を埋めていくだけで、レポートを完成させることができるので、レポートや論文のイメージを捉えやすく、書き方の「型」を、効率的に身につけることができます。

Ⅱ それぞれの事情にあわせて、［　　　］等のスロット部分に入れる文言を変更すれば、自分なりのレポートができあがります。当然、この教材を全くそのまま使うというわけにはいかないでしょうが、何もないところからレポートを書くよりも、「このスロット型教材をアレンジしてレポートを書く」という方が、イメージを捉えやすいはずです。

第3部を通して基本的な「型」を身につけた後は、それをどのようにアレンジできるか考えてみてください。具体的には、大学等で出されるそれぞれのレポート課題にあわせて、スロット部分に入れる文言を変えてみたり、一部の文章を自分の分野の言い回しや用語に差し替えたり、必要に応じて章立てを変更したりすることになると思います。基本的な「型」を身につけた後は、どんどん自分なりに改良してほしいと思います。

分野によっては、書き方が異なる場合も多いと思います。しかし、その場合でも、「スロット型教材とは、ここが異なる」というように、スロット型教材を出発点として相違点をおさえていくと、当該分野の書き方を、より早くマスターできると思います。

ここで強調しておきたいことは、この教材で一度「型」を身につければ、それをアレンジするだけで、様々なレポートや論文に対応できるようになるということです。是非、積極的に取り組んで、基本的な「型」を身につけてください。

この章では、スロット型教材に先立って、レポートを書いていく順序について考えてみたいと思います。次の課題に取り組んでください。

STEP 1

1 ▶▶　ここでは、レポートを書いていく順序について考えます。実は、「書きやすくて」「分かりやすい文章になる」順序、というものがあるのです。

既に21章でお話しした通り、レポートや論文の基本的な構成は、だいたい以下の通りです。

　　　第1章　はじめに　　　　　（　　　）
　　　第2章　先行研究について　（　　　）
　　　第3章　調査の概要　　　　（　　　）
　　　第4章　調査結果と考察　　（　　　）
　　　第5章　結論と今後の課題　（　　　）
　　　引用文献一覧　　　　　　　（　　　）

あなたがレポートを書くとしたら、どのような順序で書きますか。最初に書く章は1、二番目に書く章は2のように、上の（　　　）の中に数字を入れてみてください。第1章から順に執筆するという人は、初めから、1、2、3、……と書いてください。

ヒント…1、2、3、……と第1章から書くやり方も当然あると思います。しかし、いきなり、「第1章　はじめに」を書くのは、結構大変ではありませんか。

所属 ＿＿＿＿＿＿＿＿＿＿＿＿＿＿＿＿＿＿＿＿＿＿＿＿　＿＿＿年＿＿＿月＿＿＿日
番号 ＿＿＿＿＿＿＿＿　氏名 ＿＿＿＿＿＿＿＿＿＿＿＿＿＿

Japanese Expression
第3部
26
P54–55

ドリル編　第26章　先行研究について

　この章では、「先行研究について」の書き方を学びます。この章の課題に取り組むことによって、先行研究をどのように紹介すればよいのか分かります。Step2とStep3では、実際に、「文の長さと、分かりやすさの関係」をテーマとして、スロット型教材を使って「先行研究について」を書いてみましょう。

Step 1

［設定：前章で見た「日本語表現」という授業のレポート課題に取り組んでいるとします。より具体的には、その授業の中で「一文が長すぎると読みにくい文章になる」という講義があったので、その内容を踏まえ「文の長さと、分かりやすさの関係」というテーマで先行研究を調べている、としましょう。］

1 ▶▶　19章の方法に従って、「文の長さと、分かりやすさの関係」に関する論文を4本入手したとします。それぞれの論文の概要は以下の通りです[1]。

> 山口玲奈1967「文の長さと文章の難しさ」（言語調査学会学会誌『言語調査』32-4）
> 概要：小学校から高等学校までの国語の教科書、推理小説、新聞を調査資料として、それぞれの文の長さを調べたもの。その結果として、学年が高くなり文章が難しくなるにつれて文が長くなること、また、小学校6年生の教科書と推理小説では文の長さが近くなること等を明らかにしている。なお、新聞の文は短いが、これはスペースの都合によるもので、文章の難しさとは別に考えるべきだと指摘している。

> 佐藤彩香1989「文学賞作品の文の長さ」（『社会人のための文学賞研究』1-4、入選書房）
> 概要：1970年〜1988年までの文学賞受賞作品の文の長さを数え、年々、一文が短くなる傾向にあることを明らかにしている。また、その結果について、「分かりやすい表現が好まれる時代になってきたので、文学賞に応募する際には、短い文章を心がけて」と述べている。

> 杉藤沙織2005「会社の詫び状における文の長さ」（三省大学文学部『三省文学』60-3）
> 概要：不祥事をおこした会社の詫び状の文の長さを調べ、詫び状の一文は、通常の文章と比べて極めて長く、約2倍近くあることを明らかにした。また、文が長い理由について、平身低頭の気持ちが表されているのではないかと指摘している。

> 吉沢数子2010「分かりやすく書くためには、文を短くするべきか」（柄沢彦泰（編）『ことばの研究超入門』、出発書房）
> 概要：50人の大学生を2グループにわけ、各人に、自由にエッセイを書いてもらった。その際、一方のグループでは、一文が長いエッセイを書いてもらい、もう一方では、一文が短いエッセイを書いてもらった。その後、各新聞の読者投稿欄に投稿してもらい、どちらのグループが多く採用されたかを調べた。結果として差は見られず、分かりやすさと文の長さは関係がない、と指摘している。

---

[1] 本章で示す研究は、論題、内容、雑誌・書籍名を含め全て架空のものです。従って、第3部で書くレポートの内容も、あくまでも学習用のフィクションであることをお断りしておきます（ただし、これらの架空の研究を作成する際には、部分的に、森岡1952・1953、永野1968、樺島1953等の実際の研究成果を参考にしています）。

ドリル編 第26章　先行研究について

前ページの論文を次のように紹介したとします。それぞれの紹介の仕方には、少なくとも1つ以上、よくないところがあります。どの点がよくないのかを考え、次の選択肢ア～カの中から選んでください（1つの紹介文に、2つ以上のよくないところがある場合もあります）。

よくないところの選択肢
ア　データの少なさを指摘しているが、特に少ないとは思えない。
イ　先行研究の目的を理解せずに問題点を指摘している。そのため、一見、先行研究の問題点を指摘しているように見えるが、実は、先行研究の問題ではない。
ウ　先行研究の問題点を指摘しているが、自分がそう思うというレベルであり、客観性に欠ける。
エ　先行研究の内容が分かりにくい。
オ　先行研究の内容を誤解して紹介している。
カ　先行研究が述べていることなのか、自分の意見なのか分からない。

紹介例A　　よくないところ（　　　）

　山口玲奈1967では、国語の教科書や推理小説等を調べ、文の長さと文の難しさについて調査している。その結果、学年が高くなるにつれて文が長くなることを明らかにしている。問題点としては、教科書は1種類しか調べておらず、また、推理小説も100冊しか調査していないことである。教科書の種類はもっと多いと思われるし、推理小説は、さらに多くのものがある。研究するのであれば、全ての推理小説を調査するべきであろう。なお、山口玲奈1967が述べているように、新聞の文は短いが、これはスペースの都合によるものなので、文章の難しさとは別に考えるべきである。

紹介例B　　よくないところ（　　　）

　佐藤彩香1989では、1970年～1988年までの文学賞受賞作品の文の長さを数え、年々、一文が短くなる傾向にあることを明らかにしている。また、その理由について、「徐々に、分かりやすい表現が好まれる時代になってきた」と考察している。問題となるのは、「なぜ文学賞なのか」ということである。これでは、文学賞以外の作品で、文の長さがどうなっているか、全く分からない。文学賞は確かに権威があるものだが、そのような権威にとらわれず、もっと普通の文章の長さを調べるべきである。むしろ、文学賞作品のような特殊なものは調べる必要がないと言える。普通の小説でも構わないし、小学生の作文でもよいと思う。とにかく、庶民の文の長さが分からないというのは、問題である。また、「文が短い＝分かりやすい」ということを前提に考察しており、本当に、「文が短ければ、分かりやすいのか」を調べる必要がある。

紹介例C　　よくないところ（　　　）

　杉藤沙織2005では、不祥事を起こした会社の詫び状を調査資料とし、詫び状の一文は、極めて長く、通常の文章の約2倍近くあることを明らかにしている。そして、その理由について、平身低頭の気持ちを表すために、詫び状は、

ドリル編　第26章　先行研究について

> 長ければ長いほどよいと主張している。私は、お詫びの文は長くても短くてもよいと思う。大切なのは、心の問題である。きちんと心を込めてお詫びすれば、一文の長さに関係なく、相手は許してくれるはずである。その意味で、この研究は、あまり意味がないと言える。

紹介例D　　　よくないところ（　　　　）

> 吉沢数子2010では、文の長さと読者投稿欄について研究している。その結果は、関係がない、というものである。しかし、多少、分かりにくい文章でも、内容がよければ投稿欄に載る場合もあるだろうし、分かりやすい文章でも、内容が悪ければ、投稿欄に載らないと思われるので、この点は問題だと思われる。

STEP 2

[スロット型共通設定：「文の長さと、分かりやすさの関係」というテーマでレポートを書いており、先行研究を検討した結果、「論文の冒頭部分における文の長さと、分かりやすさの関係」を調べる、ということにします。なお、このレポートでは、この後、論文の冒頭部分を資料として、文の長さを実際に調査するという展開になります。]

2▶▶　実際に、「先行研究について」を書いていきましょう。ここでは、「先行研究について」の章を、「2.　先行研究について」（概観部分）、「2.1.　山口玲奈1967について」と「2.2.　佐藤彩香1989について」[*1]、「2.5.　先行研究のまとめ」の3つに分けて考えていきます。最初に先行研究の概観を述べ、次に具体的な紹介に入り、最後にまとめるというイメージです。難しく考える必要はなく、以下のスロット（[　　　]）部分を埋めるだけで、「先行研究について」の章ができあがります。この型を応用すれば、多くのレポートや論文に対応できます。

　　STEP1で見た先行研究の概要や、80〜81ページの紹介例A〜D等も参考に、スロットを埋めてみましょう。なお、解答は、次ページの解答欄に書き込むようにしてください。

スロット型教材1　先行研究の概要を書いてみよう

> 2.　先行研究について
>
> 　この章では先行研究について述べる。最初に、先行研究の概観について述べておく。このレポートのテーマである[❶]に関する先行研究には、管見の限り、[❷][❸][❹][❺]等がある。これらの研究によって、[❻][❼][❽][❾]等が、既に指摘されている。しかし、一方で、今回先行研究を見た限りでは、[❿]ということが、まだ明確にはなっていない。
> 　以下では、これらのことについて詳しく述べることにする。

*1 「2.3」「2.4」は省略します。

所属　　　　　　　　　　　　　　　　　　　　　　　年　　月　　日

番号　　　　　　　　氏名　　　　　　　　　　　　

Japanese Expression 第3部

26 P54-55

| ドリル編　第26章 | **先行研究について** |

❶ ＿＿＿＿＿＿＿＿＿＿＿＿＿＿＿＿＿＿＿＿＿＿＿＿＿＿＿＿　　←ここにレポートのテーマを書きます。

❷ ＿＿＿＿＿＿＿＿＿＿＿＿＿＿＿　❸ ＿＿＿＿＿＿＿＿＿＿＿＿＿＿　←分野にもよりますが、山口玲奈1967、ある
❹ ＿＿＿＿＿＿＿＿＿＿＿＿＿＿＿　❺ ＿＿＿＿＿＿＿＿＿＿＿＿＿＿　　いは、山口1967のように、名前と出版年を
　　　　　　　　　　　　　　　　　　　　　　　　　　　　　　　　　　　　書くのが一般的です。

❻ ＿＿
　＿＿
　＿＿

↑79ページの先行研究の概要をもとに、1～3行で、先行研究が明らかにしたことを書いてください。個々の研究に関しては、後ほど詳しく触れるので、
　ここでは、先行研究を簡潔に紹介するように心がけましょう。以下の❼～❾も同様です。

❼ ＿＿
　＿＿
　＿＿

❽ ＿＿
　＿＿
　＿＿

❾ ＿＿
　＿＿

❿ ＿＿

↑ここでは、設定に従い、「論文の冒頭部分における文の長さと、分かりやすさの関係」と書いておきましょう。実際のレポートであれば、「先行研究では明確になっ
　ておらず、自分が調査しようと思っていること」を、1～2行で書くところです。本テキストでは触れていませんが、「どうしてその調査を選んだのか（ここでは、
　「どうして論文冒頭なのか」）」が述べられていると、よりよいと思います。

所属 ＿＿＿＿＿＿＿＿＿＿＿＿＿＿＿＿　＿＿年＿＿月＿＿日
番号 ＿＿＿＿＿＿　氏名 ＿＿＿＿＿＿＿＿＿＿

ドリル編　第26章　先行研究について

3▶▶　STEP 2の2の作業で、「先行研究について」の冒頭はできあがりです。ここでは、その後に続く、個々の先行研究の紹介をしてみましょう。先行研究には、山口玲奈1967〜吉沢数子2010の4つがありましたが、ここでは、山口玲奈1967と佐藤彩香1989を紹介することにします。

スロット型教材2　先行研究を具体的に紹介してみよう

> 2.1.　山口玲奈1967について
> 　ここでは、山口玲奈1967［ ⓫ ］について述べる。山口玲奈1967では、［ ⓬ ］という調査を行い、［ ⓭ ］等を明らかにしている。分かりやすく具体的に述べると、［ ⓮ ］ということだと思われる。この研究には、［ ⓯ ］という疑問があるが、一方で、［ ⓰ ］という点に意義があると考えられる。
>
> 2.2.　佐藤彩香1989について
> 　次に、佐藤彩香1989［ ⓱ ］について述べる。［ ⓲ ］

⓫ ＿＿＿＿＿＿＿＿＿＿＿＿＿＿＿＿＿＿＿＿＿　←山口玲奈1967の論文のタイトルを書きます。

⓬ ＿＿＿＿＿＿＿＿＿＿＿＿＿＿＿＿＿＿＿＿＿
＿＿＿＿＿＿＿＿＿＿＿＿＿＿＿＿＿＿＿＿＿
＿＿＿＿＿＿＿＿＿＿＿＿＿＿＿＿＿＿＿＿＿

↑79ページの先行研究の概要をもとに、先行研究が行った調査を、1〜3行で書いてみましょう。

⓭ ＿＿＿＿＿＿＿＿＿＿＿＿＿＿＿＿＿＿＿＿＿
＿＿＿＿＿＿＿＿＿＿＿＿＿＿＿＿＿＿＿＿＿
＿＿＿＿＿＿＿＿＿＿＿＿＿＿＿＿＿＿＿＿＿

↑79ページの先行研究の概要をもとに、先行研究が明らかにしたことを、やや詳しく書いてみましょう。

⓮ ＿＿＿＿＿＿＿＿＿＿＿＿＿＿＿＿＿＿＿＿＿
＿＿＿＿＿＿＿＿＿＿＿＿＿＿＿＿＿＿＿＿＿

↑先行研究の内容を、分かりやすく具体的に言えるようであれば、1〜2行で書いてみましょう。中学生にも、研究の内容が分かるように書いてください。

⓯ ＿＿＿＿＿＿＿＿＿＿＿＿＿＿＿＿＿＿＿＿＿
＿＿＿＿＿＿＿＿＿＿＿＿＿＿＿＿＿＿＿＿＿

↑79ページの概要や80ページの紹介例A等を参考に、先行研究に対する疑問点や不足していると思うことを、1〜2行で書いてみましょう。この際、STEP1で学んだことに注意してください。なお、実際のレポートでも、このように疑問点を書いておくと、よいと思います。

| ドリル編　第26章 | 先行研究について |

❶⓰ _____

↑79ページの概要や80ページの紹介例A等を参考に、「ここがおもしろかった」「ここがためになった」ということを、率直に書いてみましょう。

⓱ _____ ←佐藤彩香1989の論文のタイトルを書きます。

⓲ _____

_____

_____

_____

_____

↑「2.1. 山口玲奈1967について」を参考にして、この⓲を書いてみましょう。

※ 概ね、このように先行研究を紹介していきます。

4▶▶　最後に「2.5. 先行研究のまとめ」を書いてみましょう。ここは、冒頭部分の繰り返しとなることが多く、実際に、以下の⓳〜㉒は、冒頭の❻〜❾と、ほぼ同じことを書くことになります。また、㉓と㉕も、❿と同じことを書くことになります。よって、実際に新たに書き込むのは、㉔だけです。これで、「先行研究について」はできあがりです。

スロット型教材3　「先行研究のまとめ」を書いてみよう

> 2.5. 先行研究のまとめ
> 　この章で見たように、先行研究によって、[⓳][⓴][㉑][㉒] 等は、既に指摘されている。しかし、一方で、[㉓] ということは、管見の限り、まだ明確にはなっていない。
> 　そこで、このレポートでは、[㉔] を調査し、[㉕] について考えていくことにする。
> 　次章では、調査の概要について述べる。

㉔ _____

↑レポートで調査することを簡単に書きます。ここでは、81ページの設定をもとに書いてみましょう。

所属 ＿＿＿＿＿＿＿＿＿＿＿＿＿＿＿＿＿＿＿＿　＿＿＿年＿＿＿月＿＿＿日
番号 ＿＿＿＿＿＿＿＿＿　氏名 ＿＿＿＿＿＿＿＿＿＿＿＿＿＿

Japanese Expression 第3部

27 P56–57

ドリル編　第27章　**調査の概要**

この章では、「調査の概要」の書き方を学びます。この章の課題に取り組むことによって、「調査の概要を、どのように説明すればよいのか」ということが分かります。本章の学習を通してコツをおさえれば、比較的書きやすい部分です。

STEP 1

1 ▶▶　以下の「調査の概要A」と「調査の概要B」は、同じ調査について説明したものですが、明らかに「調査の概要A」の方が分かりやすいと思います[*1]。それはなぜでしょうか。分かりやすいと思う理由をできる限り挙げてください。

調査の概要A

> このレポートでは、面白い漫才のコツを調べるため、M-1グランプリの漫才をデータとして調査を行った。M-1グランプリは、全国規模の代表的な新人漫才コンクールである。予選と準決勝を勝ち抜いた9組（敗者復活の1組を含む。なお、2001年は敗者復活の制度が無く8組）で、決勝ファーストラウンドが行われ、上位3組（2001年のみ2組）が最終決戦に進出して優勝者を決定するという仕組みである。M-1グランプリは、新人の漫才師同士が、時間制限等も含め、平等な条件の中で漫才の優劣を競うので、データを比較しやすい。加えて、各年のDVDも入手しやすいので、データ収集に便利である。これらの理由から、調査に適していると考えた。
>
> 具体的な調査手順は、以下の通りである。
> a　2001年～2009年までのM-1グランプリで優勝した組（1年に1組、計9組）の漫才と、同じ期間で決勝ファーストラウンドまで勝ち抜いたが、最終決戦まで残らなかった組（1年に6組、計54組）の漫才を、文字化する。
> b　それぞれの漫才について、「フリ」「ボケ」「ツッコミ」に分け、数を数える。
> c　さらに、それぞれの漫才について、「フリ」「ボケ」「ツッコミ」のタイプ毎に分類を行う。「フリ」「ボケ」「ツッコミ」のタイプ分けについては、次節で詳しく説明する。
> d　優勝した組と、決勝ファーストラウンドで敗れた組を対比して、違いが目立つ部分を検討する。

調査の概要B

> このレポートでは、「M-1グランプリ」を調査した。具体的には、M-1グランプリで優勝した組の漫才と、同じ期間で最終決戦まで後一歩で辿り着けなかった組の分析を行った。まず、これらの組の漫才を文字化し、次に、「フリ」「ボケ」「ツッコミ」に分け、それぞれの組において、どのようなタイプの「フリ」「ボケ」「ツッコミ」が多いのかを検討した。

[*1]「調査の概要A」「調査の概要B」は、共に架空の研究です。ただし、調査課題のアイディアは、中川2009という実在の研究を参考にしています。

所属 ＿＿＿＿＿＿＿＿＿＿＿＿＿＿＿＿＿＿＿＿＿＿　　　＿＿＿年＿＿月＿＿日
番号 ＿＿＿＿＿＿＿＿　氏名 ＿＿＿＿＿＿＿＿＿＿＿＿＿

Japanese Expression
第3部
27
P56-57

> ドリル編　第27章　**調査の概要**

「調査の概要A」の方が分かりやすいと思う理由
- ＿＿＿＿＿＿＿＿＿＿＿＿＿＿＿＿＿＿＿＿＿＿＿＿＿＿＿＿＿＿＿＿＿＿＿
- ＿＿＿＿＿＿＿＿＿＿＿＿＿＿＿＿＿＿＿＿＿＿＿＿＿＿＿＿＿＿＿＿＿＿＿
- ＿＿＿＿＿＿＿＿＿＿＿＿＿＿＿＿＿＿＿＿＿＿＿＿＿＿＿＿＿＿＿＿＿＿＿
- ＿＿＿＿＿＿＿＿＿＿＿＿＿＿＿＿＿＿＿＿＿＿＿＿＿＿＿＿＿＿＿＿＿＿＿

STEP 2

2 ▶▶　では、実際に、「調査の概要」を書いていきましょう。ここでも以下のスロット（[　　　]）部分を埋めるだけで、「調査の概要」の章ができあがります。調査の種類によって、書き方は、若干異なりますが、これまでに学んだポイントをおさえた上で、この型を応用していけば、多くのレポートや論文に対応できると思います。

前章から引き続き、「文の長さと、分かりやすさの関係」というテーマでレポートを書いており、「論文の冒頭部分における文の長さと、分かりやすさの関係を調べる」という前提で考えてください。ここでは、論文サンプルAと論文サンプルB（本シートの101〜102ページ参照のこと）を調査資料とし、以下のような調査を考えたとしましょう。

〈調査〉

> まず、クラスメイト5名に論文サンプルAと論文サンプルBを読んでもらい、どちらの文章が分かりやすいかを決めてもらう。次に、論文サンプルAと論文サンプルBについて、それぞれ、一文に何文字あるかを数えて、一文当たりの平均文字数を計算し、平均文字数の多い方はどちらかを明らかにする。なお、文字数を数える際に、章のタイトルは、数える対象としていない。また、丸括弧、カギ括弧等は、全て1文字として数えた。句点（。）があれば、一文が終わったと判断する。

早速、Step 1で学んだことを踏まえた上で、スロットを埋めながら、この調査を説明していきます。なお、解答は解答欄に書き込むようにしてください。

スロット型教材4　「調査の概要」を書こう

> 3．調査の概要
>
> 　この章では調査の概要について述べる。既に、前章でみた通り、管見の限り、[❶]については、まだ明確にはなっていない。
> 　そこで、[❶]について考えるために、実際に、[❷]を調査した。
> 　具体的には、次のような調査を行った。

ドリル編　第27章　調査の概要

> a　［ ❸ ］を調査資料とした。この調査資料は［ ❹ ］であり、［ ❺ ］という理由で調査資料として適していると考えたためである。
> b　まず、［ ❻ ］
> c　次に、［ ❼ ］
> d　なお、［ ❽ ］
>
> 次章では、調査結果について述べ、その結果をもとに、［ ❾ ］について考察を行う。

❶ _____

↑前章の❿で書いたことをここに書きます。くどい感じもしますが、調査の目的をはっきりさせるためには書いておいた方がよいでしょう。

❷ _____

↑「何を調査したのか」を明確にする必要があるので、前章の㉔で書いたことを、再びここに書きます。

❸ _____

↑具体的な調査資料名を書きます。ここでは、「論文サンプルAと論文サンプルB」と書いておきましょう。

❹と❺

↑実際のレポートを書くときには、調査資料の説明と調査資料として選んだ理由を、ここに簡単に書きます。調査資料として選んだ理由を明確に書くのは難しい場合があるので、どうしても理由が書けない場合は、カットしてもよいと思います。今回は、調査資料をこちらから指定しているので、書く必要はありません（従って、解答欄もありません）。

❻ _____

↑❻～❽では、86ページの〈調査〉を参考に、調査の手順を説明してみましょう。調査手順が煩雑な場合は、e、f、g……と続けてもよいでしょうし、手順を説明する際の文言を変えても構いません。重要なことは、「10年後の自分が同じ調査を再現できる」くらいの詳しさと分かりやすさで書くということです。

❼ _____

| 所属 _____ 年 ___ 月 ___ 日
| 番号 _____ 氏名 _____

Japanese Expression 第3部

27 P56-57

> ドリル編 第27章 **調査の概要**

❽
_____
_____
_____
_____

❾
_____
_____
_____
_____

↑❾には考察する内容について書きます。前章の❿で書いたことと、ほぼ同様のことを書くことになります。

ドリル編　第28章　調査結果と考察

この章では、「調査結果と考察」の書き方を学びます。この章の課題に取り組むことによって、「調査結果と考察を、どのように書けばよいか」が分かります。本章のスロット型教材では、Step 2で「4.1. 調査結果」、Step 3で「4.2. 考察」のように、両者を分けて練習します。

Step 1

1 ▶▶ 「英語が得意な学生は、中国語も得意なのか」ということを調べるために、文学部英文学科の1年生10人を対象に、「基礎英語」（専門必修科目）と「中国語Ⅰ（文法の基礎）」（選択必修の第二外国語科目）の期末テスト結果（ともに100点満点）を調査したとします。
　以下の文章は、その「調査結果」について述べたものですが、明らかに分かりにくいと思います。どのようにすれば、分かりやすくなるでしょうか。書き直してみましょう。

調査結果

> 　次に調査結果について述べる。調査対象の学生10人をそれぞれ、学生A～Jで表すと次のようになる。学生Aは、基礎英語のテスト（以下、単に、英語とする）80点で、中国語Ⅰ（文法の基礎）のテスト（以下、単に中国語とする）90点であった。学生Bは、英語75点で、中国語60点であった。学生Cは、英語70点で、中国語60点であった。学生Dは、英語90点で、中国語85点であった。学生Eは、英語89点で、中国語76点であった。学生Fは、英語78点で、中国語86点であった。学生Gは、英語87点で、中国語86点であった。学生Hは、英語71点で、中国語68点であった。学生Iは、英語79点で、中国語68点であった。学生Jは、英語91点で、中国語85点であった。
> 　この結果から、おそらく両者の間には、相関関係[1]が見られると考えられる。

調査結果

[1] ここでは、一方が変化すると、もう一方もそれにつれて変化するという関係のこと。

ドリル編 第28章 調査結果と考察

STEP 2

2 ▶▶ 早速、STEP1で学んだことを踏まえ、スロットを埋めて「調査結果」を書いてみましょう。なお、解答は次ページの解答欄に書き込むようにしてください。

スロット型教材5 「調査結果」を書いてみよう

4．調査結果と考察

この章では、まず、調査結果について述べ、次に、その調査結果に対して、考察を行う。

4．1．調査結果

最初に、調査結果について述べる。[❶] という調査の結果は、以下の通りである。

表1　論文サンプルAと論文サンプルBのどちらが分かりやすいか

クラスメイト（ア）	[❷]
クラスメイト（イ）	[❸]
クラスメイト（ウ）	[❹]
クラスメイト（エ）	[❺]
クラスメイト（オ）	[❻]

論文サンプルAの方が分かりやすいと答えたクラスメイトは [❼] 人であり、一方で、論文サンプルBの方が分かりやすいと答えたクラスメイトは [❽] 人である。よって、今回の調査結果は、[❾] の方が、分かりやすい文章であることを示している。

次に、各サンプルの一文の長さ（文字数の平均）を表にして示すと、次のようになる。

[❿]

論文サンプルA	[⓫]
論文サンプルB	[⓬]

よって、[⓭] の方が、一文の長さが短いと言える。
次に、この調査結果に対する考察を述べたいと思う。

所属 _____   ___年___月___日
番号 _____ 氏名 _____

Japanese Expression 第3部
28 P58-59

| ドリル編　第28章 | 調査結果と考察 |

❶ _____
　↑どんなことを調査したのか簡単に書きます。

❷ _____　❸ _____　❹ _____

❺ _____　❻ _____　❼ _____

❽ _____　❾ _____

　↑実際にクラスメイト5名に論文サンプルAと論文サンプルBを読んでもらい、どちらの文章が分かりやすいか意見を聞いてみましょう。意見を聞き終わったら、その結果を表に書いて、スロットを埋めていきましょう。

❿ _____
　↑表には、必ず、表の番号とタイトルを付けるようにしましょう。表1を参考にして、適切な表の番号とタイトルを書いてみましょう。

⓫ _____　⓬ _____　⓭ _____

　↑論文サンプルAと論文サンプルBの平均文字数を数えて、スロットを完成させましょう。

STEP 3

3 ▶▶　次に、スロットを埋めて、「考察」を書いてみましょう。「考察」と聞くと難しい印象があるかもしれませんが、気後れせずに積極的に取り組むことが大切です。「どうしてこのような調査結果になったのか」を考え、思い切って書いてみましょう。初期の段階では、とにかく自力で考察を書いてみて、それをもとに教員から指導をもらった方が効果的です。なお、解答は次ページの解答欄に書き込むようにしてください。

スロット型教材6　「考察」を書いてみよう

> 4.2.　考察
> 　ここでは、調査結果を踏まえ、[⓮]について考察したい。この調査結果から、[⓯]ということが言えるのではないかと思われる。また、なぜ、このような調査結果になったのかというと、[⓰]ということが考えられる。
> 　ただし、今回の調査と考察には、[⓱]という問題が考えられる。この問題を解決するためには、今後、[⓲]という調査が必要となってくるだろう。

> ドリル編　第28章　**調査結果と考察**

❶

↑考察したいことを書きます。「何のために考察するか」を明確にするために、必ず書くようにしましょう。前章の❶で書いたことと同じことです。

❷

↑まず、調査結果から言えることを、端的にまとめて書いてみましょう。「調査結果は一言で言えば、どのようなことを表しているか」を書くわけです。

❸

↑「なぜ、このような調査結果になったのか」ということを、自分なりに考えて書いてみましょう。難しいとは思いますが、考察では「自分なりに考える」ということが大切です。思い切って書いてみましょう。実際のレポートでも、考察において、自分なりの考えを示すことが大切です。

❹

↑今回の調査と考察に関して、問題だと思われる点を、書いてみましょう。実際のレポートでも、「調査・考察の問題点を知っている」ということを示すことは大切です。レポートの評価は上がりこそすれ、下がることはありません。

❺

↑問題点を解決するためには、今後、どのような調査が必要でしょうか。自分の考えを書いてみましょう。

| ドリル編　第29章 | 結論と今後の課題 |

この章では、「結論と今後の課題」の書き方を学びます。ここまでくると、レポート完成まであと一息です。難しいことではないので、ラストスパートを楽しみましょう。

STEP 1

1 ▶▶ 「コンビニの店員は、本当に'千円からお預かりします'のように'から'を使っているのか」を明らかにするために、「コンビニ100店舗で、千円札を出して買い物し、どのように店員が話したか調べる」という調査を行いました[*1]。そのレポートの結論の部分として、〈結論の例1〉〈結論の例2〉のように書いたとします。これらの結論には、明らかに問題があります。どこが問題だと思いますか。ヒントを参考にして考えてください。

〈結論の例1〉

> 結論として、今回の調査では、店員が何も言わずにお金を受け取る場合が多く、もっと笑顔で対応するとよいように思えた。

ヒント…当初の目的は何でしたか。

〈結論の例2〉

> 今回の調査で、「千円からお預かりします」のように「から」を使って答えた店員は、全体の90%以上であった。結論としては、コンビニのマニュアルを守っていない店員がほとんどであることがあきらかになった。

ヒント…このレポートではマニュアルを調査したのでしょうか。

〈結論の例1〉の問題点

_____

_____

〈結論の例2〉の問題点

_____

_____

[*1] この研究は、データや結論等も含め全て架空のものです。ただし、調査課題のアイディアは、伊藤2008という実在の研究を参考にしています。

ドリル編 第29章　結論と今後の課題

STEP 2

2 ▶▶ では、STEP1を踏まえた上で、実際に「結論」を書いていきましょう。ここでも以下のスロット（[　　]）部分を埋めるだけで、文章が完成します。設定はこれまでと同様です。

スロット型教材7　「結論」を書いてみよう

5．結論と今後の課題

ここでは、結論を述べ、最後に、今後の課題について述べる。
まず、結論について述べたい。結論を端的に述べると [❶] ということである。
以下に、本レポートの内容を簡単にまとめ、結論までの過程を示したいと思う。
管見の限り、先行研究では、[❷] ということが明らかではなかった。そこで、本レポートでは、[❷] について考えるために、[❸] という調査を行った。その結果、次のことが明らかになった。

〈調査で明らかにしたこと〉今回調査した限りでは、[❹] と言える。

繰り返しになるが、上記のことは、管見の限り、これまで明らかにされてこなかった事実である。
加えて、本レポートでは、この理由について、[❺] と考えた。
本レポートの目的に対応させる形で結論を述べると、次のようになる。

〈結論〉：[❻]

---

❶ _____

↑結論を簡単に述べます。前章の「調査結果と考察」を簡単にまとめたものを書いてみましょう。

❷ _____

↑先行研究では明らかではなかったことを書きます。26章の❿で書いたことです。

❸ _____

↑調査したことを書きます。27章の❻と❼をまとめて、書いてください。

❹ _____

↑調査で分かったことを簡潔に書いてください。

❺ _____

↑考察したことを書きます。ここも、28章の⓰で書いたことと同じ内容です。

所属 _____   ____ 年 ____ 月 ____ 日
番号 _____ 氏名 _____

> **ドリル編　第29章　結論と今後の課題**

❻ _____
↑レポートの目的に対応させる形で、結論を書きます。前章の「調査結果と考察」をまとめたものを書いてみましょう（❶より少し詳しく書いてください）。

STEP 3

3 ▶▶　STEP1で見た「千円からお預かりします」のレポートに関して、次のような「今後の課題」を書いたとします。〈「今後の課題」例1〉と、〈「今後の課題」例2〉の内容には、ともに、明らかに問題があります。どこが問題だと思いますか。

〈「今後の課題」例1〉

> 今回の調査結果を受けて、日本語は、徐々に乱れつつあると感じた。やはり、美しい日本語を次の世代に伝えていくことが、今後の課題だと思えた。

〈「今後の課題」例2〉

> 今回のような調査をすることは、人生の中でもう二度とないと思うので、今後の課題というものは特にない。

〈「今後の課題」例1〉の問題点

_____
_____
_____

〈「今後の課題」例2〉の問題点

_____
_____
_____

所属 _____　_____ 年 ___ 月 ___ 日

番号 _____ 氏名 _____

Japanese Expression 第3部

29 📖 P60–61

| ドリル編　第29章 | **結論と今後の課題** |

STEP 4

4 ▶▶　では、STEP3を踏まえた上で、実際に、「今後の課題」を書いていきましょう。設定はこれまでと同様です。

スロット型教材8　「今後の課題」を書いてみよう

> 最後に今後の課題について述べたい。
> 　今回の調査では、[❼]ということや[❽]ということが問題であると思われる。よって、今後、[❾]や[❿]等の調査をする必要があると思われる。また、考察部分に関しては、[⓫]という調査があった方がよいだろう。これも、今後の課題となる。
> 　本レポートの結論は、[⓬]という発展的課題に繋がると考えられる。この点に本レポートの意義があることを述べて、このレポートを締めくくりたい。

❼ _____

↑❼と❽には、今回の調査で不足していると思うことを書いてみましょう。28章の⓱の内容です。

❽ _____

❾ _____

↑❾と❿には、今回不足している部分を補うために必要な調査を書いてみましょう。28章の⓲の内容の一部です。

❿ _____

⓫ _____

↑このような調査があったら考察部分がより補強される、と思うことを書いてみましょう。ここも、28章の⓲の内容の一部です。

⓬ _____

↑今回の結論は、大きく考えれば、どのようなことに繋がっていくと思いますか。思い切って、書いてみましょう。

所属 _____ ____ 年 ____ 月 ____ 日
番号 _____ 氏名 _____

Japanese Expression
第3部
30 P62-63

ドリル編　第30章 ▶ **そして「はじめに」へ**

　この章では、「はじめに」の書き方を学びます。この章で学ぶことにより、分かりやすい「はじめに」の書き方が分かります。また、どうして「はじめに」を最初に書かない方がよいのか、ということも納得できると思います。

STEP 1

1▶▶ 早速、スロット型教材を使って、「はじめに」を書いてみましょう。「はじめに」では、主に、「研究の目的」「研究の意義」「研究の結論」を書きます。よって、章のタイトルも「はじめに」ではなく、「研究の目的と意義、及び結論」等のようにした方がよいでしょう。何もない段階で、「研究の目的と意義、及び結論」について書くことは難しいのですが、具体的な調査が終わったこの段階であれば、簡単に書くことができます。25章で、「はじめに」は一番最後に書く、と言ったことの意味は、ここにあります。

　また、「はじめに」の中では、レポートの構成について言及する場合も多いので、それも組み込んだ形でスロット型教材を作ってあります。では、スロットを埋めていきましょう。なお、設定は、これまでと同様です。

スロット型教材9　「はじめに」の部分を書いてみよう

1．研究の目的と意義、及び結論

　本レポートは、[❶]に関するレポートである。[❷]ということが理由で、このテーマに興味を持った次第である。

　本節では、本レポートの目的とその意義、及び結論について述べ、その後、本レポートの構成について、簡単に言及したい。

　[❶]に関しては、いくつかの先行研究がある。しかし、管見の限りでは、[❸]に関する調査は行われていないようである。

　そこで、本レポートでは、[❹]という調査を行う。そして、その結果をもとに、[❸]について考察を行いたい。

　本レポートの目的をまとめると次の通りである。

(1)〈本レポートの目的〉[❺]

次に本レポートの意義を述べる。

(2)〈本レポートの意義〉本レポートは、[❻]として、意義があると考えている。

本レポートの結論を先取りして述べると次のようになる。

(3)〈本レポートの結論〉[❼]

97

所属 _____ ___ 年 ___ 月 ___ 日
番号 _____ 氏名 _____

Japanese Expression 第3部

30 P62-63

ドリル編　第30章　そして「はじめに」へ

> ここで、本レポートの構成について述べておきたい。次の第2章では [❽] について詳しく述べる。続く第3章で、[❾] を説明する。その後、第4章で [❿] という調査の結果を示し、[⓫] という考察を行う。最後に、第5章において、結論をまとめ、今後の課題について述べる。

❶ _____

↑このレポートのテーマについて簡潔に書きます。26章の❶で書いたことと同じことです。

❷ _____

↑レポートのテーマに興味を持った理由を書きます。授業のレポートであれば、授業内容との関係について触れた方がよいでしょう。皆さんは、「日本語表現」の授業に出ていたらと仮定して、自由に想像して書いてみてください。

❸ _____

↑先行研究では明らかになっておらず、このレポートで調査することについて書きます。概ね26章の❿で書いたことです。

❹ _____

↑どのような調査を行ったのかを書きます（27章の内容です）。これを書いている時点では、既に調査は終わっているので、難しくはないはずです。

❺ _____

↑レポートの目的について書きます。26章の㉔㉕のあたりを簡潔にまとめてみましょう（26章の㉕は26章の❿と同じ内容です）。

❻ _____

↑ここは難しいのですが、29章の⓬あたりをアレンジして書いてみましょう。「意義」が明確であると、そのレポート（論文）の価値は高くなります。

| ドリル編　第30章 | そして「はじめに」へ |

❼ _____
_____
_____

↑結論について書きます。29章の❻で書いたことと同じことです。

❽ _____

↑❽と❾では、それぞれ、本レポートの2章と3章で述べたことは何かを簡単に書きます。ほぼ各章のタイトルと同じです。

❾ _____

❿ _____

↑調査結果を簡単に書きます。本レポートの結論の前半部分と同じことです。

⓫ _____
_____
_____

↑考察を簡単に書きます。本レポートの結論の後半部分と同じことです。

STEP 2

2 ▶▶　STEP1で、レポートが完成しました。最後に、章等のタイトルと本レポートのタイトルについて考えましょう。このSTEP2では章等のタイトルを考え、次のSTEP3で、本レポートのタイトルを考えたいと思います。では、〈例〉を参考にして、以下の＿＿＿部分に、ふさわしい文言を書いてください。その章の内容が分かるようなものがよいでしょう。設定は、これまでと同様です。

1．　研究の目的と意義、及び結論　―〈例〉論文冒頭の文の長さと、分かりやすさの関係 ―

2．　先行研究について

　　2．1．　山口玲奈1967について　―〈例〉高学年の教科書ほど文が長くなる―

　　2．2．　佐藤彩香1989について　_____

　　2．3．　杉藤沙織2005について　_____

　　2．4．　吉沢数子2010について　_____

所属 _____ ____ 年 ____ 月 ____ 日

番号 _____ 氏名 _____

> ドリル編　第30章　**そして「はじめに」へ**

　　　2.5.　先行研究のまとめ

　3.　調査の概要

　4.　調査結果と考察

　　　4.1.　調査結果

　　　4.2.　考察

　5．結論と今後の課題

STEP 3

3 ▶▶　スロット型教材で作成したレポートにタイトルを付けてください。レポートの内容が分かるものがよいと思います。

　　レポートのタイトル _____

| ドリル編　資料 | 論文サンプル |

論文サンプルA

1：研究目的と意義、及び結論 ― なぜクラリネットの音が出なかったのか ―

　本稿は、「クラリネットをこわしちゃった」という歌の歌詞に関する研究である。最初に、本稿の目的とその意義、及び結論について述べる。
　本稿の目的は次の通りである。

　(1)〈**本稿の目的**〉「なぜクラリネットの音が出なかったのか」を明らかにする。

　従来、この歌をめぐっては、「なぜクラリネットの音が出なかったのか」が問題とされてきた。歌詞を見る限り、パパからのプレゼントであるクラリネットは、基本的にほぼ全ての音が出ないわけである。そのため、「大事に扱っていたはずなのに不自然ではないか」という疑問が生じたのである。
　この問題に関しては、いくつかの先行研究がある。管見の限りではあるが、それらについて述べたい。まず、「初期不良だったのではないか」という説がある。次に、「もともとフランス語であるこの歌を、日本語訳するにあたって、少なからぬ変更があった」という説がとなえられた。その後、「クラリネットの不具合は、少年の妄想ではないか」という説が出された。また、近年では、「クラリネットの手入れ不足だったのではないか」という説もとなえられている。
　いずれの説にも一定の説得力があるのは確かである。しかし、いずれも、クラリネットに関する具体的な調査をもとに導かれた結論ではない。よって、基本的には全て憶測というレベルにとどまるものと言える。
　そこで、本稿では、5～14歳の子供を対象に、実際にクラリネットを吹いてもらうという調査を行う。そしてその結果をもとに、「なぜクラリネットの音が出なかったのか」を明らかにする。
　次に本稿の意義を述べる。

　(2)〈**本稿の意義**〉　本研究は、単に、「クラリネットをこわしちゃった」という歌の理解を深めるだけではない。具体的な調査をもとに歌の歌詞を研究する、「実験歌詞研究」の可能性を示すものとして、意義があると考えている。

　近年、実験歌詞研究は特に注目を集めている。本稿は、その可能性を示すものとして位置付けられる。
　本稿の結論を先取りして述べたい。調査結果によると、音をきちんと出すにはマウスピースが重要であると言える。特に、クラリネットの初心者にはマウスピースの練習が必要不可欠なようである。しかし、歌詞を見る限り、クラリネットを大切にするあまり、この少年はマウスピースの練習をしていないようである。そのために音が出ないのだと考えられる。つまり、クラリネットは壊れていなかったわけである。
　本稿の構成について述べると、第2章ではクラリネットや翻訳に関する基本的な用語の説明を行う。続く第3章において、先行研究について詳しく述べる。第4章で調査の概要を説明する。その後、第5章で「マウスピースの練習をしていないと、クラリネットの音をきちんと出すのは難しい」という調査の結果を示す。第6章においては「クラリネットは実は壊れていなかった」という考察を行う。最後に第7章において、結論をまとめ、今後の課題について述べる。

※　この研究は全て架空のものです。「実験歌詞研究」という研究分野も存在しません。

ドリル編　資料　> **論文サンプル**

論文サンプルB

1：研究目的と意義、及び結論 ― 就活の面接では何が決め手になるのか ―

　本稿は、「就職活動の面接」に関する研究である。最初に、本稿の、目的とその意義、及び結論について述べたい。
　本稿の目的は次の通りである。

　(1)〈**本稿の目的**〉　「就職活動の面接で、最終的に決め手になることは何か」を、可能な限り具体的な形で明らかにする。

　就職活動の面接でどのあたりが注目されるのか、ということに関しては、人によって多少の違いはあるものの、基本的には、多くの関心が集まっており、そのためもあって多くの努力がなされ、既に、いくつかの研究が存在している。
　管見の限りでそれらの研究について述べると、まず、「人と違うことが大切である」という説があって、この研究は、オンリー1であればナンバー1である、という考え方を主張しており、次に「お辞儀の角度が注目される」という説がとなえられ、深くお辞儀をすることが、職種によって多少の差はあっても（その差は決して小さくないものであったとしても）、考え得る選択肢の中では相対的に最も有効な手段であり、深いお辞儀を実現するためには、具体的には前屈で代表されるような、日々の柔軟体操が重要であるということが主張された。その後、声の大きさと、好感度の相関を調査することによって、はきはきと大きな声で話す人は好感度の高いことが分かり、「声の大きさが重要である」という説が、いくつかの疑問とともにとなえられるが、声が大きければ常に印象がよいというわけでもなく、職種によって、声が大きすぎると、程度差や広い意味での異なりはあるものの、かえって逆効果である場合も考えられないわけでもない、という結果も出ている。近年では、就職活動に関する本の調査から、「アルバイト経験の有無が重要」という結論を出した研究がある。
　いずれの説にも一定の説得力があると言えるが、しかし、このような問題は、採用人事担当者に直接インタビューして結論を出すことが最も妥当であると言える。
　そこで、本稿では、企業の採用人事担当者100人への実際のインタビューを行い、その後、インタビュー結果をもとに、「就職活動の面接で決め手になること」を明らかにする。
　次に本稿の意義を述べる。

　(2)〈**本稿の意義**〉　本研究は、単に、「就職活動のポイントを示した」というだけではなく、学生がどのように学生生活を送るべきかという方向を示したものとして、意義があると考えている。

　結論を先取りして述べると、アルバイトやサークル活動等でも構わないが、面接で決め手になることは、「何かに打ち込んだことの有無」であり、最も、自分の専攻した学問に打ち込んでいるということが高く評価されていたので、大学の勉強に打ち込むことが、実は一番手堅いという結論になった。
　本稿の構成について述べると、第2章では就職活動関係の基本的な用語の説明を行い、続く第3章において、先行研究について詳しく述べ、第4章で調査の概要を説明し、第5章では「何かに打ち込んだことの有無が決め手である」という調査の結果を示し、その後、第6章において「大学の勉強に打ち込むことが、実は一番手堅い」という考察を行い、最後に第7章において結論をまとめ、今後の課題について述べる。

※　この研究は全て架空のものです。

| ドリル編　付録1 | **仮名遣い・送り仮名ポイントシート**　（→第2章　仮名遣い・送り仮名）

　以下のPointは、昭和61年7月1日内閣告示第1号「現代仮名遣い」、及び、昭和48年6月18日内閣告示第2号「送り仮名の付け方」（昭和56年10月1日内閣告示第3号により一部改正）をもとにまとめたものです。

Point 1　仮名遣い1：まずおさえておくべき6点

- Ⓐ　長音：ア列の長音＝ア列の仮名に「あ」を添える。〈例〉おかあさん
　　　　　　イ列の長音＝イ列の仮名に「い」を添える。〈例〉おにいさん
　　　　　　ウ列の長音＝ウ列の仮名に「う」を添える。〈例〉くうき
　　　　　　エ列の長音＝エ列の仮名に「え」を添える。〈例〉おねえさん
　　　　　　オ列の長音＝オ列の仮名に「う」を添える。〈例〉おとうさん
- Ⓑ　助詞：助詞の「を」は「を」と書く。〈例〉やむをえない
　　　　　　助詞の「は」は「は」と書く。〈例〉こんにちは
　　　　　　助詞の「へ」は「へ」と書く。〈例〉故郷へ帰る
- Ⓒ　言う：「言う」は「いう」と書く。〈例〉こういうわけ
- Ⓓ　オ列の仮名に歴史的仮名遣いで「ほ」「を」が続く語はオ列の仮名に「お」を添える。
　　　〈例〉おおやけ（公）、こおり（氷）
　　　「お」と書く語の覚え方の例：とおくのおおきなこおりのうえをおおくのおおかみとおずつとおった
　　　　　　　　　　　　　　　　（遠くの大きな氷の上を、多くのオオカミ十ずつ通った）
- Ⓔ　同音の連呼によって生じた「ぢ」「づ」は「ぢ」「づ」と書く。〈例〉ちぢれる、つづく
- Ⓕ　二語の連語によって生じた「ぢ」「づ」は「ぢ」「づ」と書く。
　　　〈例〉はなぢ（鼻血）、みかづき（三日月）

Point 2　仮名遣い2：上記6点の次に確認すべき点

- Ⓖ　助詞の「は」を「は」と書く例にあたらないものがある。〈例〉いまわの際
- Ⓗ　漢字の音読みとしてもともと濁音である「じ」「ず」は「じ」「ず」と書く。
　　　〈例〉じしん（地震）、りゃくず（略図）
- Ⓘ　エ列の長音で「い」を添える。〈例〉せい（背）、えいが（映画）

※「現代仮名遣い」の「本則」と「許容」
- □　「じ」「ず」を本則とするが「ぢ」「づ」と書いてもよいもの。〈例〉せかいじゅう（世界中）、いなずま（稲妻）等
- ・　レポートや論文ではできるだけ「本則」に従って書くようにしましょう。

Point 3　送り仮名1：「送り仮名の付け方」の「本則」6点と「通則」1点

- ⓐ　活用語は活用語尾を送る。〈例〉憤る、生きる、荒い、主だ
- ⓑ　活用語尾以外の部分に他の語を含む語は、含まれている語〔　〕の送り仮名の付け方によって送る。〈例〉動かす〔動く〕、語らう〔語る〕、勇ましい〔勇む〕、晴れやかだ〔晴れる〕、重んずる〔重い〕、確かめる〔確かだ〕、後ろめたい〔後ろ〕
- ⓒ　名詞は送り仮名を付けない。〈例〉月、花

| ドリル編　付録１ | 仮名遣い・送り仮名ポイントシート　（→第2章　仮名遣い・送り仮名）|

- ☐ **ⓓ** 活用語から転じた名詞及び活用語に「さ」「み」「げ」等の接尾語が付いて名詞になったものは、もとの語の送り仮名の付け方によって送る。〈例〉動き、憩い、近く、暑さ、重み、惜しげ
- ☐ **ⓔ** 副詞・連体詞・接続詞は最後の音節を送る。〈例〉必ず、来る、及び
- ☐ **ⓕ** 複合語の送り仮名は、その複合語を書き表す漢字の、それぞれの音訓を用いた単独の語の送り仮名の付け方による。〈例〉書き抜く、聞き苦しい、望み薄だ、後ろ姿、花便り、行き帰り、呼び出し電話
- ☐ **ⓖ** 複合語のうち、慣用に従って送り仮名を付けないもの。〈例〉関取、頭取、取締役、事務取扱、（博多）織、（型絵）染、（春慶）塗、（鎌倉）彫、（備前）焼、書留、気付、切手、消印、小包、振替、切符、踏切、請負、売値、買値、仲買、歩合、両替、割引、組合、手当、倉敷料、作付面積、売上（高）、貸付（金）、借入（金）、繰越（金）、小売（商）、積立（金）、取扱（所）、取扱（注意）、取次（店）、取引（所）、乗換（駅）、乗組（員）、引受（人）、引受（時刻）、引換（券）、（代金）引換、振出（人）、待合（室）、見積（書）、申込（書）、奥書、木立、子守、献立、座敷、試合、字引、場合、羽織、葉巻、番組、番付、日付、水引、物置、物語、役割、屋敷、夕立、割合、合図、合間、植木、置物、織物、貸家、敷石、敷地、敷物、立場、建物、並木、巻紙、受付、受取、浮世絵、絵巻物、仕立屋

POINT 4　送り仮名２：「送り仮名の付け方」の「例外」に挙げられる９点

- ☐ **ⓗ** 活用語のうち「しい」で終わる語は「し」から送る。〈例〉著しい、惜しい　（ⓐの例外）
- ☐ **ⓘ** 活用語のうち「か」「やか」「らか」を含む語は「か」「やか」「らか」から送る。〈例〉暖かだ、穏やかだ、明らかだ　（ⓐの例外）
- ☐ **ⓙ** 活用語のうち、次の語は次のように送る。〈例〉明らむ、味わう、哀れむ、慈しむ、教わる、脅かす（おどかす）、脅かす（おびやかす）、食らう、異なる、逆らう、捕まる、群がる、和らぐ、揺する、明るい、危ない、危うい、大きい、少ない、小さい、冷たい、平たい、新ただ、同じだ、盛んだ、平らだ、懇ろだ、惨めだ、哀れだ、幸いだ、幸せだ、巧みだ　（ⓐの例外）
- ☐ **ⓚ** 名詞のうち次の語は最後の音節を送る。〈例〉辺り、哀れ、勢い、幾ら、後ろ、傍ら、幸い、幸せ、互い、便り、半ば、情け、斜め、独り、誉れ、自ら、災い　（ⓒの例外）
- ☐ **ⓛ** 名詞のうち数を数える「つ」を含む名詞は「つ」を送る。〈例〉一つ、二つ　（ⓒの例外）
- ☐ **ⓜ** 活用語から転じた名詞のうち次の語は送り仮名を付けない。〈例〉謡、虞、趣、氷、印、頂、帯、畳、卸、煙、恋、志、次、隣、富、恥、話、光、舞、折、係、掛（かかり）、組、肥、並（なみ）、巻、割　（ⓓの例外）
- ☐ **ⓝ** 副詞・連体詞・接続詞のうち次の語は次のように送る。〈例〉明くる、大いに、直ちに、並びに、若しくは　（ⓔの例外）
- ☐ **ⓞ** 副詞・連体詞・接続詞のうち次の語は送り仮名を付けない。〈例〉又　（ⓔの例外）
- ☐ **ⓟ** 副詞・連体詞・接続詞のうち他の語を含む語は含まれている語の送り仮名の付け方によって送る。〈例〉併せて〔併せる〕、至って〔至る〕、恐らく〔恐れる〕、従って〔従う〕、絶えず〔絶える〕、例えば〔例える〕、努めて〔努める〕、辛うじて〔辛い〕、少なくとも〔少ない〕、互いに〔互い〕、必ずしも〔必ず〕　（ⓔの例外）

※「送り仮名の付け方」で「許容」とされるもの
- ☐ （　）のように活用語尾の前の音節から送ることができる。〈例〉表す（表わす）、行う（行なう）等　（ⓐの許容）
- ☐ 読み間違える恐れのない場合は、活用語尾以外の部分について、（　）のように送り仮名を省くことができる。〈例〉浮かぶ（浮ぶ）、生まれる（生れる）、押さえる（押える）等　（ⓑの許容）
- ☐ 読み間違える恐れのない場合は、（　）のように送り仮名を省くことができる。〈例〉曇り（曇）、届け（届）、願い（願）、晴れ（晴）、当たり（当り）等　（ⓓの許容）　／　書き抜く（書抜く）、申し込む（申込む）等　（ⓕの許容）
- • 上記３点は「許容」です。レポートや論文では、できるだけ本則に従って書くようにしましょう。

| ドリル編　付録2 | レポート提出チェックシート |

レポートを提出する前に、以下の点について確認しましょう。

POINT 1　これだけは守ろう

レポートを書く前に
- ☐ 提出締切はいつか。
- ☐ 提出場所はどこか。
- ☐ 体裁・書式の指定があるか。

用紙・表紙の付け方・綴じ方
- ☐ 用紙／表紙の有無／綴じ方に関する指示はあるか。
- ☐ 用紙は決められたサイズになっているか。
- ☐ 表紙・綴じ方は指示通りになっているか。

特に指示がない場合
- ☐ 表紙あるいは冒頭に、授業名・担当教員名・開講曜日と時限・提出期限を記載しているか。
- ☐ 表紙あるいは冒頭に、課題（レポートテーマ）を記載しているか。
- ☐ 表紙あるいは冒頭に、所属・学籍番号・氏名を記載しているか。
- ☐ 用紙をバラバラにならないような方法でとめているか（ホッチキス・糊付け等）。
  ※特に指示がなければ、横書きの場合は左上、縦書きの場合は右上をとめるのが一般的です。

分量・縦書き横書き・ページ振り・レイアウト・筆記具
- ☐ 分量（文字数・枚数）は決められた分量を守っているか。
  ※「○○字程度」の場合は、指定字数の80％〜120％の分量が一般的です。
- ☐ 縦書き・横書きの指定を守っているか。
- ☐ ○字×○行の指定がある場合は、それを守っているか。
- ☐ ページを振っているか。
  ※特に指定がなければ、表紙を除いて本文最初のページから1ページと振ります。
- ☐ ページレイアウトの上下左右に適切な余白をとっているか。
  ※A4の場合、特に指定がなければ、上下左右にそれぞれ2.5cm前後の余白があるとよいでしょう。
- ☐ 手書きの場合、黒のペンで丁寧に清書しているか（鉛筆書きのままにしていないか）。

書き方・校正
- ☐ 段落の冒頭は一字下げしているか（全ての段落をチェックすること）。
- ☐ 体言止めや倒置、「！」などを使っていないか。
- ☐ 話し言葉や日常語が混ざっていないか。
- ☐ 特に指定がない場合、文が「である」体で統一されているか（「〜です」「〜ます」が混ざっていないか）。
- ☐ ワープロ書きの場合、変わったフォントを用いたり、不必要にフォントやポイント数・文字色を変えたりしていないか。
- ☐ 間違った箇所を修正液で消して修正しているか（ペンで黒く塗りつぶすなどしていないか）。
- ☐ 誤字や脱字はないか（ワープロ書きの場合は特に誤変換に注意）。

| ドリル編　付録2 | レポート提出チェックシート |

提出の前に
- [ ] 提出前に必ずレポートを音読しよう。
    ※音読によって、誤字脱字や表現の分かりにくい箇所を発見することができます。
- [ ] 提出前にレポートのコピーを取っておこう。
    ※手元にコピーがあると、再提出を求められたときなどに対応できます。

POINT 2　よりよいレポートを目指すために

分かりやすい文章
- [ ] 句読点の打ち方は適切か。
- [ ] あいまいな文になっていないか。
- [ ] 分かりやすい語順になっているか。
- [ ] 文のねじれはないか。
- [ ] 接続表現の使い方は適切か。
- [ ] 結論を明確に述べているか。
- [ ] 事実と意見を分けているか。

論文・レポートの構成
- [ ] 分かりやすい構成になっているか。
- [ ] 段落内の構成は適切か。
- [ ] 注の書き方は適切か。
- [ ] 引用の仕方は適切か（引用だと分かる書き方をしているか・引用元を記載しているか）。
- [ ] 参考文献の書き方は適切か。

| ドリル編　付録3 | スロット型完成例 |

授業名：日本語表現（前期水曜1時限）
担当教員：柄沢彦泰先生
提出期限：20XX年7月30日（金）

論文冒頭は短い文の方が分かりやすいか
― 2つのサンプルの比較から ―

〇〇学部〇〇学科〇年〇組
学籍番号：××××
氏名：〇〇　△△

> ドリル編　付録3

スロット型完成例

1. 研究の目的と意義、及び結論 ― 論文冒頭の文の長さと、分かりやすさの関係 ―

　本レポートは、「文の長さと、分かりやすさの関係」に関するレポートである。私の書くレポートの文章は、分かりにくいと、よく人に言われるのだが、「文の長さと、分かりやすさの関係」の講義を受けた時に、このようなことを突き詰めていけば、私も分かりやすい文章でレポートや論文を書けるようになるのではないかと思ったということが理由で、このテーマに興味を持った次第である。
　本節では、本レポートの目的とその意義、及び結論について述べ、その後、本レポートの構成について、簡単に言及したい。
　「文の長さと、分かりやすさの関係」に関しては、いくつかの先行研究がある。しかし、管見の限りでは、「論文の冒頭部分における文の長さと、分かりやすさの関係」に関する調査は行われていないようである。
　そこで、本レポートでは、「2本の論文の冒頭部分を読んでもらい、どちらの方が分かりやすいのかというアンケート調査をした後、各論文における一文の平均文字数を明らかにする」という調査を行う。そして、その結果をもとに、「論文の冒頭部分における文の長さと、分かりやすさの関係」について考察を行いたい。
　本レポートの目的をまとめると次の通りである。

(1) 〈**本レポートの目的**〉　「論文の冒頭部分における文の長さと、分かりやすさの関係」について調査と考察を行い、両者の関係を明らかにする。

次に本レポートの意義を述べる。

(2) 〈**本レポートの意義**〉　本レポートは、分かりやすい論文とは何かに繋がる調査として、意義があると考えている。

本レポートの結論を先取りして述べると次のようになる。

(3) 〈**本レポートの結論**〉　今回調査した限りでは、論文の冒頭に関しては、一文の短い方が分かりやすいと言える。その理由として、「一文の短い方が、文の構造（文の組み立て方）が簡単であり、読み手が意味を把握しやすい」ということが考えられる。

　ここで、本レポートの構成について述べておきたい。次の第2章では先行研究について詳しく述べる。続く第3章で、調査の概要を説明する。その後、第4章で一文の短い方が分かりやすいという調査の結果を示し、一文の短い方が、文の構造（組み立て方）が簡単なのではないかという考察を行う。最後に、第5章において、結論をまとめ、今後の課題について述べる。

2. 先行研究について ―「文の長さと、分かりやすさの関係」に関する研究 ―

　この章では先行研究について述べる。最初に、先行研究の概観について述べておく。このレポートのテーマである「文の長さと、分かりやすさの関係」に関する先行研究には、管見の限り、山口玲奈1967、佐藤彩香1989、杉藤沙織2005、吉沢数子2010等がある。これらの研究によって、小学校〜高等学校の教科書の場合、学年が高くなり文章が難しくなるにつれて文が長くなること／文学賞受賞作品の文の長さが、年々、短くなっていること／詫び状の一文は通常の文章と比べて極めて長く約2倍近くあること／一文が長いエッセイでも短いエッセイでも、新聞の読者投稿欄に投稿した場合、結果に大きな差がないこと等が、既に

| ドリル編　付録3 | **スロット型完成例** |

指摘されている。しかし、一方で、今回先行研究を見た限りでは、「論文の冒頭部分における文の長さと、分かりやすさの関係」ということが、まだ明確にはなっていない。

　以下では、これらのことについて詳しく述べることにする。

2.1. 山口玲奈1967について ― 高学年の教科書ほど文が長くなる ―

　ここでは、山口玲奈1967「文の長さと文章の難しさ」について述べる。山口玲奈1967では、小学校から高等学校までの国語の教科書、推理小説、新聞を資料として、それぞれの文の長さを調べるという調査を行い、学年が高くなり文章が難しくなるにつれて文が長くなること、また、小学校6年生の教科書と推理小説では文の長さが近くなること等を明らかにしている。分かりやすく具体的に述べると、難しい文章ほど長くなる傾向にあるということであり、また、小学校6年生の国語の教科書の難しさは、大体、推理小説と同じぐらいということだと思われる。この研究には、教科書を1種類しか調べていないので、資料として少ないのではないかという疑問があるが、一方で、文の長さと文章の難しさの関係を調べたという点に意義があると考えられる。

2.2. 佐藤彩香1989について ― 文学賞受賞作品の一文は短くなっている ―

　次に、佐藤彩香1989「文学賞作品の文の長さ」について述べる。佐藤彩香1989では、1970年～1988年までの文学賞受賞作品の文の長さを数えるという調査を行い、年々、一文が短くなる傾向があること等を明らかにしている。また、分かりやすい表現が好まれる時代になってきたので、文学賞に応募する際には、短い文章を心がけた方がよいと述べている。分かりやすく具体的に述べると、文学賞受賞作品は一文が短いものが好まれるということだと思われる。この研究には、文学賞を受賞しなかった作品はどうなのかという疑問があるが、一方で、短い文が好まれるようになってきたことを具体的な数値をもとに明らかにしたという点に意義があると考えられる。

2.3. 杉藤沙織2005について ― 詫び状の一文は長い ―

　（省略）

2.4. 吉沢数子2010について ― 新聞投稿欄の採用の可否と文の長さは無関係 ―

　（省略）

2.5. 先行研究のまとめ ― 論文冒頭の文の長さに関する調査はない ―

　この章で見たように、先行研究によって、小学校～高等学校の教科書の場合、学年が高くなり文章が難しくなるにつれて文が長くなること／文学賞受賞作品の文の長さが、年々、短くなっていること／詫び状の一文は通常の文章と比べて極めて長く約2倍近くあること／一文が長いエッセイでも短いエッセイでも、新聞の読者投稿欄に投稿した場合、結果に大きな差がないこと等は、既に指摘されている。しかし、一方で、「論文の冒頭部分における文の長さと、分かりやすさの関係」ということは、管見の限り、まだ明確にはなっていない。

　そこで、このレポートでは、論文の冒頭部分を調査し、「論文の冒頭部分における文の長さと、分かりやすさの関係」について考えていくことにする。

　次章では、調査の概要について述べる。

3. 調査の概要 ― 論文の冒頭部分を読んでもらう ―

　この章では調査の概要について述べる。既に、前章で見た通り、管見の限り、「論文の冒頭部分における文の長さと、分かりやすさの関係」については、まだ明確にはなっていない。

> ドリル編　付録3　**スロット型完成例**

そこで、「論文の冒頭部分における文の長さと、分かりやすさの関係」について考えるために、実際に、論文の冒頭部分を調査した。具体的には、次のような調査を行った。

a　論文サンプルAと論文サンプルBを調査資料とした。
b　まず、クラスメイト5名に論文サンプルAと論文サンプルBを読んでもらい、どちらの文章が分かりやすいかを決めてもらった。
c　次に、論文サンプルAと論文サンプルBについて、それぞれ、一文に何文字あるかを数えて、一文当たりの平均文字数を計算し、平均文字数の多い方はどちらなのかを明らかにした。
d　なお、文字数を数える際に、章のタイトルは、数える対象としていない。また、丸括弧、カギ括弧等は、全て1文字として数えた。句点（。）があれば、一文が終わったと判断した。

次章では、調査結果について述べ、その結果をもとに、「論文の冒頭部分における文の長さと、分かりやすさの関係（一文の文字数が少ないと、分かりやすいのか、そうでないのか）」について考察を行う。

4．調査結果と考察 ― 一文の短い方が分かりやすい ―

この章では、まず、調査結果について述べ、次に、その調査結果に対して、考察を行う。

4．1．調査結果

最初に、調査結果について述べる。「クラスメイト5名に論文サンプルAと論文サンプルBを読んでもらい、どちらの文章が分かりやすいか決めてもらう」という調査の結果は、以下の通りである。

(4)　表1　論文サンプルAと論文サンプルBのどちらが分かりやすいか

クラスメイト（ア）	A
クラスメイト（イ）	A
クラスメイト（ウ）	A
クラスメイト（エ）	B
クラスメイト（オ）	A

論文サンプルAの方が分かりやすいと答えたクラスメイトは4人であり、一方で、論文サンプルBの方が分かりやすいと答えたクラスメイトは1人である。よって、今回の調査結果は、論文サンプルAの方が、分かりやすい文章であることを示している。次に、各サンプルの一文の長さ（文字数の平均）を表にして示すと、次のようになる。

(5)　表2　各サンプルの一文の長さ（文字数の平均）

論文サンプルA	（略）
論文サンプルB	（略）

> ドリル編　付録3　スロット型完成例

よって、論文サンプルAの方が、一文の長さが短いと言える。
次に、この調査結果に対する考察を述べたいと思う。

4.2. 考察

ここでは、調査結果を踏まえ、「論文の冒頭部分における文の長さと、分かりやすさの関係」について考察したい。この調査結果から、論文の冒頭に関しては、一文の短い方が分かりやすいということが言えるのではないかと思われる。また、なぜ、このような調査結果になったのかというと、「一文の短い方が、文の構造（文の組み立て方）が簡単であり、読み手が文の意味を把握しやすいのではないか」ということが考えられる。

ただし、今回の調査と考察には、「論文の冒頭以外でも同様のことが言えるか」「調査した人数や調査した論文の数が少なかったのではないか」という問題が考えられる。この問題を解決するためには、今後、論文の冒頭以外の調査や、より多くの人に複数の論文を読んでもらう等の調査をする必要があると思われる。また、考察部分に関しては、文の長さと、文の構造（文の組み立て方）の関係を調べるという調査が必要となってくるだろう。

5. 結論と今後の課題

ここでは、結論を述べ、最後に、今後の課題について述べる。
まず、結論について述べたい。結論を端的に述べると「論文の冒頭に関しては、一文が短い方が分かりやすく、おそらくこれには、文の構造（文の組み立て方）の問題が関与しているのではないか」ということである。
以下に、本レポートの内容を簡単にまとめ、結論までの過程を示したいと思う。
管見の限り、先行研究では、「論文の冒頭部分における文の長さと、分かりやすさの関係」ということが明らかではなかった。そこで、本レポートでは、「論文の冒頭部分における文の長さと、分かりやすさの関係」について考えるために、「論文サンプルAと論文サンプルBの分かりやすさを比べ、その後、一文あたりの文字数を数える」という調査を行った。その結果、次のことが明らかになった。

(6) 〈調査で明らかにしたこと〉　今回調査した限りでは、「論文の冒頭に関しては、一文が短い方が分かりやすい」と言える。

繰り返しになるが、上記のことは、管見の限り、これまで明らかにされてこなかった事実である。
加えて、本レポートでは、この理由について、「一文の短い方が、文の構造（文の組み立て方）が簡単なのではないか」と考えた。
本レポートの目的に対応させる形で結論を述べると、次のようになる。

(7) 〈結論〉　今回調査した限りでは、論文の冒頭に関しては、一文の短い方が分かりやすいと言える。その理由として、「一文の短い方が、文の構造（文の組み立て方）が簡単であり、読み手が文の意味を把握しやすい」ということが考えられる。

最後に今後の課題について述べたい。
今回の調査では、「論文の冒頭以外でも同様のことが言えるのではないか」ということや「調査人数や調査した論文の数が少ない」ということが問題であると思われる。よって、今後、「論文の冒頭以外の部分」や「より多くの人に複数の論文を読んでもらう」等の調査をする必要があると思われる。また、考察部分に関しては、「文の長さと、文の構造（文の組み立て方）の関係を調べる」という調査があった方がよいだろう。これも、今後の課題となる。
本レポートの結論は、分かりやすい論文とは何かという発展的課題に繋がると考えられる。この点に本レポートの意義があることを述べて、このレポートを締めくくりたい。

| ドリル編　付録3 | スロット型完成例 |

引用文献一覧

佐藤彩香1989「文学賞作品の文の長さ」(『社会人のための文学賞研究』1-4、入選書房)
杉藤沙織2005「会社の詫び状における文の長さ」(三省大学文学部『三省文学』60-3)
山口玲奈1967「文の長さと文章の難しさ」(言語調査学会学会誌『言語調査』32-4)
吉沢数子2010「分かりやすく書くためには、文を短くするべきか」(柄沢彦泰(編)『ことばの研究超入門』、出発書房)